BEI GRIN MACHT SICH IHR WISSEN BEZAHLT

- Wir veröffentlichen Ihre Hausarbeit, Bachelor- und Masterarbeit

- Ihr eigenes eBook und Buch - weltweit in allen wichtigen Shops

- Verdienen Sie an jedem Verkauf

Jetzt bei www.GRIN.com hochladen und kostenlos publizieren

Bibliografische Information der Deutschen Nationalbibliothek:

Die Deutsche Bibliothek verzeichnet diese Publikation in der Deutschen National-
bibliografie; detaillierte bibliografische Daten sind im Internet über http://dnb.d-
nb.de/ abrufbar.

Impressum:

Copyright © 2016 GRIN Verlag, Open Publishing GmbH
Druck und Bindung: Books on Demand GmbH, Norderstedt Germany
ISBN: 9783668410510

Dieses Buch bei GRIN:

http://www.grin.com/de/e-book/354905/entwicklung-evaluation-eines-bewegungs-
programms-fuer-kinder-und-jugendliche

Anonym

Entwicklung & Evaluation eines Bewegungsprogramms für Kinder und Jugendliche der Sekundarstufe I innerhalb des Sportunterrichts

GRIN Verlag

GRIN - Your knowledge has value

Der GRIN Verlag publiziert seit 1998 wissenschaftliche Arbeiten von Studenten, Hochschullehrern und anderen Akademikern als eBook und gedrucktes Buch. Die Verlagswebsite www.grin.com ist die ideale Plattform zur Veröffentlichung von Hausarbeiten, Abschlussarbeiten, wissenschaftlichen Aufsätzen, Dissertationen und Fachbüchern.

Besuchen Sie uns im Internet:

http://www.grin.com/

http://www.facebook.com/grincom

http://www.twitter.com/grin_com

Inhaltsverzeichnis

1 Schwerpunktthema, Forschungsgegenstand und Forschungsfragen

1.1 Schwerpunktthema

„Wir schaufeln unser Grab eher mit Messer und Gabel, als mit einem Spaten."

Diese Aussage vom amerikanischen Mediziner und Buchautor, Dr. Michael Eades, charakterisiert die immer stärker in den Blickpunkt der Ernährungsberatung, Sporttherapie und Medizin gerückte Problematik des Übergewichts und den damit verbundenen gesundheitlichen Risiken in den westlichen Industrienationen. Übergewicht und Adipositas haben in jenen Ländern mittlerweile den Status einer Epidemie erreicht. Die medizinische Relevanz dieser Erkrankung übersteigt global die Problematik der Unterernährung, was historisch als „einmalig" zu bezeichnen ist (Wirth, 2003, S. 24). Insgesamt sind 45,1 % bzw. 32,4 % der Männer und Frauen in Ostdeutschland sowie 48,7 % bzw. 31,0 % der Männer und Frauen in Westdeutschland übergewichtig (BMI 25 kg/m² – 29,9 kg/m²). Gleichzeitig gilt es, 21,0 % bzw. 24,5 % der Männer und Frauen in Ostdeutschland und 18,3 % bzw. 21,1 % der Männer und Frauen in Westdeutschland als adipös (BMI ≥ 30 kg/m²) einzustufen (Müller, Mast, Bosy-Westphal & Danielzik, 2003, S. 41). Nach Kurt und Schaffrath Rosario (2007, S. 736) waren bis vor einigen Jahren primär Erwachsene betroffen, doch seit zehn Jahren steigt ebenfalls die Anzahl übergewichtiger (BMI ≥ 90. Perzentile) und adipöser (BMI ≥ 97. Perzentile) Kinder und Jugendlicher. So sind 10 % bis 20 % aller Schulkinder in Deutschland übergewichtig bzw. adipös, wobei von den 5- bis 6-Jährigen bereits zwischen 8 % und 13 % übergewichtig und 4 % bis 7 % adipös sind (Goldapp, Mann & Shaw, 2005, S. 12). In der Altersstufe der 9- bis 10jährigen Kinder sind zwischen 9,8 % und 17,6 % übergewichtig sowie 3,2 % bis 6,3 % adipös. Im Jugendalter von 13 bis 15 Jahren sind bereits 13,8 % bis 16,8 % der Jungen und Mädchen übergewichtig, während 5,1 % bis 7,9 % der Jugendlichen in diesem Alter als adipös zu bezeichnen sind (Müller, Mast, Bosy-Westphal & Danielzik, 2003, S. 41).

Die gesundheitlichen Risikofaktoren, welche von Übergewicht und Fettleibigkeit ausgehen, sind vielschichtig (Schwarzer, 2004, S. 277). Mit einem übergewichtigen bzw. adipösen Erscheinungsbild gehen neben schwerwiegenden physischen (z. B. orthopädischer Art) und psychosozialen Belastungen (z. B. Mobbing) eine insgesamt verminderte

Lebensqualität sowie verschlechterte berufliche Aussichten (ökonomische Folgen) einher. Zudem spielen im weiteren Lebensverlauf auftretende Folgeerkrankungen, wie z. B. Hypertonie, Typ2-Diabetes oder auch Fettstoffwechselstörungen, eine gravierende Rolle (Benecke & Vogel, 2005, S. 15) und erzeugten im Jahr 2003 einen volkswirtschaftlichen Gesamtschaden in Höhe von 12,754 Mrd. Euro an Behandlungskosten (Knoll, 2010, S. 84). Obwohl die Ursachen für die Entstehung von Adipositas als multifaktoriell anzusehen sind, stellen ein inadäquates Ernährungsverhalten in Verbindung mit mangelnder physischer Aktivität die Hauptursache für die Erkrankung dar (Homfeldt & Ritter, 2005, S. 13). Da sich das menschliche Bewegungsverhalten größtenteils bereits im Kindesalter manifestiert und einmal erworbene Muster und Gewohnheiten häufig ein Leben lang beibehalten werden, kommt der frühzeitigen Vermittlung eines gesundheitsförderlichen Lebensstils eine besondere Bedeutung zu. Nur so kann verhindert werden, dass „aus dicken Kindern dicke Erwachsene werden" (Sygusch, 2005, S. 863).

Aufgrund jener Tatsache sowie vor dem Hintergrund der aufgezeigten epidemiologischen Daten wird im Rahmen der vorliegenden Einsendeaufgabe eine Intervention im Setting „Schule" geplant. Sie beinhaltet die Konzeption eines Bewegungsprogramms für Kinder und Jugendliche der Sekundarstufe I (Klassenstufe 5 – 9/10) innerhalb des Sportunterrichts an einer Realschule in der Stadt Itzehoe und orientiert sich an den Empfehlungen der Weltgesundheitsorganisation (WHO) bzgl. der Häufigkeit, Dauer, Intensität sowie der Art der körperlicher bzw. sportlicher Aktivität für jene Altersgruppe. Im Zusammenhang mit den in der Aufgabenstellung auswählbaren Schwerpunktbereichen kann das selektierte Schwerpunktthema somit dem Bereich „Bewegung/Training" in Verbindung mit der Thematik des „Gewichtsmanagements" und der „Gesundheitsförderung" im Setting „Schule" zugeordnet werden.

1.2 Ausgangssituation/Derzeitige Datenlage/Problemstellung

Im Kapitel 1.2 soll im ersten Schritt die Ausgangssituation in Form einer Darstellung der aktuellen Gestaltung des Sportunterrichts in der Sekundastufe I aufgezeigt werden. Da die Lehrplangestaltung der Autorität der einzelnen Bundesländer unterliegt, wird sich bei der Erläuterung jener Daten auf das für die betrachtete Realschule verantwortliche Bundesland (Schleswig-Holstein) beschränkt. Im zweiten Schritt wird die derzeitige Datenlage in Bezug auf das aktuelle Aktivitätsniveau von Kindern und Jugendlichen ausgearbeitet. Aufgrund mangelnder Informationen bzgl. der betrachteten Schule beziehen sich jene Daten auf Gesamtdeutschland und werden anhand der Ergebnisse zweier auf nationaler sowie internationaler Ebene viel beachteter Studien erläutert. Mit Hilfe jener beiden Schritte werden dann abschließend die Problemstellungen abgeleitet, welche zusammen mit den in Kapitel 1.1 aufgezeigten Fakten die Grundlage für die Wahl der Intervention bilden.

Ausgangssituation:

Laut des für den Lehrplan verantwortlichen Ministeriums für Bildung, Wissenschaft, Forschung und Kultur (MBWFK) des Landes Schleswig-Holstein (2015a, S. 15 – 32) stellen die fünf Themenbereiche des Sportunterrichts der Grundschule (Anhang 1 – 2) die Basis für die Inhalte des Fachs „Sport" der Sekundarstufe I dar. Der Lehrplan für die Klassenstufe 5 – 9/10 soll in diesem Zusammenhang jene fünf Themenbereiche der Grundschule in differenzierter Form weiterführen, wobei die sportliche Dimension eine zunehmende Akzentuierung erfahren soll. Der Schulsport der Sekundarstufe I versteht sich erzieherisch. Er ist wesentlicher Bestandteil einer auf die Ganzheit des jungen Menschen ausgerichteten Bildung und Erziehung. Der Schulsport beinhaltet bei entsprechender Akzentuierung die durch die Kernprobleme, welche sich insbesondere auf die Bestimmung und Begründung von Grundwerten menschlichen Zusammenlebens richten, vermittelten Zielperspektiven. Wegen seiner fachspezifischen Grundsätze und Eigenarten leistet der Schulsport im Zusammenhang mit den anderen Fächern einen unaustauschbaren, unverzichtbaren und einzigartigen Beitrag. Im Mittelpunkt des Sportunterrichts steht Bewegung, welche sich im Wesentlichen in Spiel und Sport vollzieht. Sie qualifiziert die Schüler zu regelgerechtem Sporttreiben in den Sportarten. Darüber hinaus gibt ihnen der Sportunterricht die Gelegenheit, Bewegungsbedürfnisse zu befriedigen. Wenn er sinnvoll in den Vormittagsunterricht eingebaut ist, wirkt er dem Bewegungsmangel der anderen Schulfächer kompensierend entgegen. Schulsport fordert und fördert die motorische und sensorische Leistungsfähigkeit der Schüler. Unterschiedliche Sinngebungen des Sporttreibens (Sport als Erlebnis, Wagnis und Abenteuer, Sport als Wettkampf und Leistung, Sport zur Erhaltung der körperlichen Fitness, Sport als ästhetisches Empfinden, Sport als geselliges Ereignis, Sport als Spaß und Freude) sollen im Schulsport erfahren werden. Erziehender Schulsport soll jedem Schüler helfen, ein Selbstkonzept zu entwickeln. Insofern muss er sich in unterschiedlichen Sinnstiftungen präsentieren und leistet damit einen unaustauschbaren Beitrag, Freizeit gestalten zu können. Für die Persönlichkeitsentwicklung von Kindern und Jugendlichen, insbesondere für die Entwicklung des Selbstwertgefühles und eines positiven Selbstbildes, ist die körperliche Dimension, die durch Spiel und Sport Berücksichtigung findet, ebenso wirksam wie die geistige. Dabei kommt der subjektiv erlebten individuellen körperlichen Leistungsfähigkeit, dem individuellen Lernzuwachs sowie der Wahrnehmung von Leistungsunterschieden eine Bedeutung für die Entwicklung einer realistischen Selbsteinschätzung zu. Sportunterricht bietet durch unterschiedliche Wettkampfsituationen einen Erfahrungsraum des Leistungsvergleichs. Schulsport bietet durch pädagogisch verantwortlich gestaltete Wettkampfsituationen Möglichkeiten, Erfolgs- und Misserfolgserlebnisse bewältigen zu lernen. Insbesondere geht es auch darum, Sieg und Niederlage in Spiel und Sport innerhalb der Gruppe konstruktiv zu verarbeiten. Der Erfahrungsraum des Sports kann als Abbild gesellschaftlichen Lebens im Sinne der Kernprobleme verstanden werden. Insofern können Mitwirkung und Mitverantwortung im sportlichen Geschehen bewusst gemacht werden, ohne dass ein automatischer Transfer in gesellschaftliches Verhalten erwartet werden kann. Umweltschutz und Gesundheit sind ebenfalls Themen des Sportunterrichts. In der Gesundheitserziehung geht es nicht nur um die Ausbildung von Bewegungsgewohnheiten, die der Gesundheit dienen, sondern auch um die Entwicklung von Einstellungen zur gesunden Lebensführung sowie um Erkenntnisse eines gesundheitsfördernden Trainings auf allen Leistungsstufen. Der Schutz der Gesundheit des Mitmenschen ist Bestandteil dieser Erziehung. Rücksichtnahme auf die sporttreibenden Partner und gegenseitiges Helfen sind Ausdruck sportlichen Verhaltens. Sport in der Natur kann die Umweltbedrohung durch den Menschen deutlich machen. Schulsport muss Wege weisen, beim Sporttreiben einen schonenden Umgang mit der Natur zu erreichen. Dies geschieht gerade auch dadurch, dass die Schüler im Sportunterricht Natur erfahren und erleben. Der Sportunterricht bietet ein ergiebiges Feld für soziales Lernen. Insbesondere im Spiel, das Konflikte hautnah erfahrbar macht, lassen sich Strategien zur Konfliktlösung thematisieren und friedfertiges und faires Verhalten einüben. Die Fähigkeit zum klärenden Gespräch ist hierfür genauso wichtig, wie die gemeinschaftliche Bewältigung von Problemen und Gefahren in einem erlebnisorientierten Schulsport. Dabei ist die Art und Weise des Erarbeitungsprozesses z. B. für den zwischen-menschlichen Umgang für Gleichstellung, für das interkulturelle Lernen und im Hinblick auf die Einbeziehung von Behinderungen und Beeinträchtigungen von modellhafter Bedeutung. Im erziehenden Schulsport darf es keinen Raum für Diskriminierung Schwächerer, von Jungen und Mädchen oder Menschen anderer Kulturen geben. Begegnungen mit Sport aus anderen Kulturen tragen zum Verständnis fremder Formen bei. Der Schulsportunterricht ist somit ein Beitrag zur Gestaltung der kulturellen Lebensverhältnisse.

Sportunterricht wird koedukativ erteilt und strebt die Gleichstellung von Jungen und Mädchen an. Im Rahmen der gegebenen Möglichkeiten sollte eine geschlechtsspezifische Differenzierung dort einsetzen, wo die sportliche Entfaltung von Jungen oder der Mädchen beeinträchtigt wird.

Die für den Sport typische Handlungsorientierung begünstigt nachhaltig kognitives Lernen. Erklärungen für die verschiedenen Phänomene (Training, Gesundheit, Lernprozess, Biomechanik, Interaktion, Sinngebung, Sport als Körpererfahrung, Sport als Handlungsfeld für Interaktionen und Kommunikation) erfordern einen fächerübergreifenden Unterricht oder legen Kooperation der verschiedenen Fächer nahe. Der besondere Beitrag des Faches Sport im Hinblick auf die Vermittlung von Schlüsselqualifikationen und Kompetenzen besteht in seiner zentralen Bewegungs- und Handlungsorientierung. Im Sport werden Situationen geschaffen, in denen die Schüler unmittelbar Erfahrungen sammeln und praktisch lernen können.

Wegen der Besonderheit des Faches sind die fachspezifischen Schlüsselqualifikationen in Kompetenzbereiche gegliedert, die in das Konzept der Sach- und Methodenkompetenz, der Selbstkompetenz und der Sozialkompetenz eingefügt sind. Eine Differenzierung erfährt der Bereich der Selbstkompetenz mit den Bereichen der „motorischen Kompetenz", der „Körperwahrnehmung" sowie der „personalen und psychischen Kompetenz". Ihre Reihenfolge stellt keine Gewichtung dar. Sie sind immer miteinander verflochten und können je nach Zielorientierung im konkreten Sportunterricht unterschiedlich akzentuiert werden. Die Inhalte jener Kompetenzbereiche werden in Anhang 3 – 4 dieser Einsendeaufgabe detailliert aufgeführt und finden ihre Anwendung in verschiedenen Themenbereiche, welche nach Trosien (2003, S. 117) die Kernaspekte zur Gestaltung des Sportunterrichts darstellen und folgende sportpädagogischen Perspektiven beinhalten: Leistung (Wettkampf, Erfolg), Spannung/Spiel (Risiko, Abenteuer), Eindruck (Körpererfahrung), Gesundheit (Fitness, Wohlbefinden), Ausdruck (Darstellung, Gestaltung), Miteinander (soziales Lernen, Umwelt). Die Schüler sollen so langfristig erfahren, dass man Sport nicht nur mit Bewegung, sondern u. a. auch mit Leistung und Gesundheit in Verbindung bringen soll (Trosien, 2003, S. 117). Eine umfassende und abschließende Darstellung der Themenbereiche ist dem Anhang 5 – 13 zu entnehmen.

Derzeitige Datenlage:

Bei der ersten Studie handelt es sich um die sogenannte „KiGGS"-Studie (Welle 1), einem Kinder- und Jugendgesundheitssurvey, bei welchem das Robert Koch-Institut (RKI) von Mai 2003 bis Mai 2006 Untersuchungen mit insgesamt 17641 Studienteilnehmern, darunter 8985 Jungen und 8656 Mädchen, durchgeführt hat, um umfassende und bundesweit repräsentative Informationen zum Gesundheitszustand von Kindern und Jugendlichen im Alter von 0 – 17 Jahren in Deutschland zu erheben, bestehende Informationslücken zu schließen und Daten für die Gesundheitsberichterstattung des Bundes, die epidemiologische Forschung sowie für die Konzeption von Präventions- und Interventionsmaßnahmen bereitzustellen (Kamtsiuris, Lange & Schaffrath Rosario, 2007, S. 547). Das nach fünf Altersgruppen differenzierte Studiendesign bestand u. a. aus einer schriftlichen Befragung der Eltern sowie der Probanden (ab 11. Lebensjahr), aus medizinischen und körperlichen Untersuchungen (z. B. Körpergröße und -Gewicht, Taillen- und Hüftumfang, Hautfaltendicke, Motorik- und Ausdauertests), einem computergestützten ärztlichen Elterninterview (CAPI) sowie aus Laboruntersuchungen (Blut- und Urinabnahme). Zudem erfolgte von 2009 bis 2012 eine telefonische Folgebefragung der damaligen Teilnehmer, um die Studie zu aktualisieren (Hölling, Kamtsiuris & Lange 2007, S. 562).

Im Hinblick auf die sportliche Aktivität der Kinder und Jugendlichen zeigen die Ergebnisse jener Studie, dass ein Großteil der Kinder von 3 – 10 Jahren sich regelmäßig bewegt. 77 % der Befragten spielen fast täglich im Freien und 52 % betätigen sich mindestens einmal die Woche sportlich. Bis zu diesem Alter zeigen sich kaum geschlechtsspezifische Unterschiede. Bei den 11- bis 17jährigen Jugendlichen sind 84 % mindestens einmal in der Woche so sportlich aktiv, dass sie ins Schwitzen kommen oder außer Atmen geraten. Ein täglicher Zustand ist dies lediglich bei 23 % der Teilnehmer. Die erfragte Selbsteinschätzung ergab, dass 66 % der Jugendlichen ihre körperliche Leistungsfähigkeit als sehr gut bewerten, wobei im Jugendalter geschlechtsspezifische Unterschiede deutlich werden. Mädchen beschäftigen sich in diesem Alter weniger in ihrer Freizeit mit Sport und schätzen ihre körperlichen Leistungsfähigkeiten deshalb auch eher schlecht ein. Insgesamt sind 58 % der Teilnehmenden Mitglieder in einem Sportverein. Verschiedene Untersuchungen zur körperlichen Leistungsfähigkeit von Kindern und Jugendlichen in Deutschland belegen, dass sich beispielsweise ihre motorischen Fähigkeiten in den letzten drei Jahrzehnten deutlich verschlechtert haben. Insbesondere betrifft dies die Koordinations- und Haltungsauffälligkeiten. In Bezug auf die motorische Leistungsfähigkeit wurden innerhalb der „KiGGS"-Studie Übungen zur Testung der Ausdauer, Kraft, Koordination und Beweglichkeit in Verbindung mit einem Aktivfragebogen durchgeführt. Bei jener Untersuchung zeigte sich u. a., dass über ein Drittel der Kinder und Jugendlichen es nicht schaffen, mehr als zwei Schritte rückwärts auf einem drei cm breiten Balken zu laufen. Zudem erreichten 43 % der Probanden bei der

Rumpfbeuge nicht den Fußboden. Beim Standweitsprung wurde ein Rückgang von 14 % bzgl. der Kraftfähigkeit im Vergleich zum Jahr 1976 festgehalten (RKI, 2006, S. 1055 – 1056). Ein besonderes Augenmerk soll an dieser Stelle auf das Ergebnis der Befragung nach der körperlichen Aktivität gelegt werden. Hierbei mussten Eltern für ihre Kinder im Alter von drei bis zehn Jahren sowie Jugendliche ab dem 11. Lebensjahr selbständig auf folgende Fragestellung antworten (Manz, Schlack & Poethko-Müller, 2014, S. 840):

„An wie vielen Tagen einer normalen Woche ist Ihr Kind/bist Du für mindestens 60 Minuten am Tag körperlich aktiv?"

Die acht Antwortkategorien reichten von „an keinem Tag" bis zu „7 Tage". Vor diesem Hintergrund stellte die „KiGGS"-Studie als Ergebnis fest, dass 27,5 % der Kinder und Jugendlichen im Alter von 3 bis 17 Jahren täglich mindestens 60 Minuten körperlich aktiv sind. Der Anteil derer, die seltener als an zwei Tagen pro Woche für mindestens 60 Minuten körperlich aktiv sind, liegt bei 6,3 %.

Jungen sind mit 29,4 % gegenüber 25,4 % signifikant häufiger täglich für mindestens 60 Minuten körperlich aktiv als Mädchen. Auch im Hinblick auf ein gering ausgeprägtes Maß an regelmäßiger körperlicher Aktivität zeigen sich signifikante Geschlechtsunterschiede zugunsten der Jungen (4,7 % vs. 8,0 %). Die Geschlechtsunterschiede kommen dabei erst bei den 11- bis 13-Jährigen zum Ausdruck und sind am stärksten in der Altersgruppe der 14- bis 17-Jährigen ausgeprägt. Im Hinblick auf ein geringes Maß an körperlicher Aktivität zeichnen sich die Differenzen zwischen Jungen (4,0 %) und Mädchen (14,8 %) sogar nur im Alter von 14 bis 17 Jahren ab. Bei beiden Geschlechtern nimmt der Anteil der Kinder und Jugendlichen, die täglich für mindestens 60 Minuten körperlich aktiv sind, mit zunehmendem Alter kontinuierlich ab, während nur bei Mädchen der Anteil derjenigen, die selten körperlich aktiv sind, stetig zunimmt (RKI, 2014, S. 1).

Um die Ergebnisse des Kinder- und Jugendgesundheitssurveys verifizieren zu können, werden im Folgenden die Resultate der Kinder- und Jugendgesundheitsstudie „Health Behaviour in School-aged Children" (HBSC) erläutert. Sie stellt ein internationales kooperatives Forschungsvorhaben dar, welches von der WHO seit über 25 Jahren unterstützt wird. Die HBSC-Studie wurde 1982 von Wissenschaftlern aus England, Finnland und Norwegen gemeinsam entwickelt und durchgeführt. Ursprünglich mit vier Ländern begonnen, nehmen mittlerweile über 40 Länder mit mehr als 200.000 Kindern und Jugendlichen an der Befragung teil. Hierbei beantworten die Schüler schriftlich über einen

Zeitraum von ca. 45 Minuten u. a. Fragen zu ihrem Risiko- und Gesundheitsverhalten, zur Familie, Schule oder auch zu Peers. Die HBSC dient der Datengewinnung und -analyse bzgl. der Gesundheit und gesundheitsbezogener Wahrnehmungen, Einstellungen und Verhaltensweisen von Schülern der 5., 7. und 9. Klasse. Die HBSC-Studie gibt nicht nur Auskunft über die Gesundheit und das gesundheitsrelevante Verhalten der 11-, 13- und 15-Jährigen, auch die personalen und sozialen Rahmenbedingungen, welche die Gesundheit und eine gesunde Entwicklung positiv oder negativ beeinflussen, werden untersucht, um Ansatzpunkte für Prävention und Gesundheitsförderung identifizieren zu können (Richter, 2003, S. 9).

In Bezug auf die Erfassung der sportlichen Aktivitäten wurden die Kinder und Jugendlichen gefragt, wie viel Zeit sie mit sportlicher Aktivität in ihrer Freizeit verbringen, so dass sie dabei außer Atem oder ins Schwitzen kommen. Die sechsstufige Antwortmöglichkeit reichte dabei von „keine" bis „7 Stunden oder mehr". Bezug nehmend auf die Welle 2013/2014 wurde in diesem Zusammenhang festgestellt, dass 57,5 % der Mädchen und 69,3% der Jungen regelmäßig (mind. zwei Stunden/Woche) sportlich aktiv sind, wobei 5,5 % der Jugendlichen als sportlich inaktiv zu bezeichnen sind. Der Anteil derjenigen, die regelmäßig sportlich aktiv sind, nimmt bei den Jungen mit steigendem Alter zu. Bei Mädchen nimmt dieser Anteil von den 13- zu den 15-Jährigen hingegen wieder leicht ab. Insgesamt zeigt sich ein geschlechtsspezifischer Unterschied. Jungen sind deutlich häufiger regelmäßig sportlich aktiv als Mädchen. Mädchen und Jungen aus wohlhabenderen Familien treiben mehr Sport als Kinder und Jugendliche, die in weniger wohlhabenden Familien aufwachsen: Für mehr als vier Stunden pro Woche beispielsweise liegt der Unterschied zwischen Kindern und Jugendlichen mit niedrigem und hohen familiären Wohlstand bei +19,8 Prozentpunkten (Mädchen) bzw. +21,8 Prozentpunkten (Jungen). Mädchen ohne Migrationshintergrund sind tendenziell sportlich aktiver als Mädchen mit einseitigem oder beidseitigem Migrationshintergrund. Bei Jungen trifft dies nur bei mehr als vier Stunden sportlicher Aktivität zu, wohingegen Jungen mit einseitigem oder beidseitigem Migrationshintergrund häufiger zwei bis drei Stunden pro Woche sportlich aktiv sind (HBSC-Studienverbund Deutschland, 2015, S. 1).

Ergänzend zu jener Fragestellung wurde im Rahmen der HBSC nach dem allgemeinen körperlichen Aktivitätslevel gefragt. Hierzu mussten die Kinder und Jugendlichen angeben, an wie vielen der letzten sieben Tage sie für mindestens 60 Minuten – im Tagesverlauf zusammengenommen – mit moderater bis hoher Anstrengung körperlich aktiv waren. Es wurde einleitend beschrieben, dass alle körperlichen Aktivitäten (unter Vorgabe einiger konkreter Beispiele) zählen, die den Pulsschlag erhöhen und einen für einige Zeit außer Atem kommen lassen. Hierbei wurde in Bezug auf die Welle 2013/2014 als Ergebnis verzeichnet, dass 12,0 % der Mädchen und 19,1 % der Jungen die Vorgaben für eine gesundheitsförderliche körperliche Aktivität von täglich 60 Minuten moderat intensiver körperlicher Aktivität erfüllen. Im Alter von 11 Jahren ist der Anteil der Jungen (24,6 %) und Mädchen (16,0 %) an moderat intensiver körperlicher Aktivität am größten. Mit zunehmendem Alter nimmt die körperliche Aktivität bei beiden Geschlechtern ab. Nur noch 8,8 % der 15jährigen Mädchen sind aus gesundheitswirksamer Sicht ausreichend körperlich aktiv. Ein hoher familiärer Wohlstand ist positiv mit dem Aktivitätsniveau assoziiert. Für den Migrationshintergrund zeigen sich nur geringfügige Unterschiede. Mädchen ohne Migrationshintergrund sind seltener wenig (0 – 2 Tage) körperlich aktiv als Mädchen mit Migrationshintergrund (29,4 % bzw. 34,9 %). Bei Jungen sind keine nennenswerten Unterschiede nach Migrationshintergrund feststellbar. Während der größte Anteil der Jungen (42,4 %) an 5 – 7 Tagen für mindestens 60 Minuten moderat intensiv körperlich aktiv ist, sind die meisten Mädchen (38,5 %) an 3 – 4 Tagen mindestens für 60 Minuten moderat-intensiv körperlich aktiv. Zudem wurde festgestellt, dass im Geschlechtervergleich Jungen insgesamt körperlich deutlich aktiver als Mädchen sind (HBSC-Studienverbund Deutschland, 2015, S. 1).

Problemstellung:

Wie bei der Benennung des Schwerpunktthemas in Kapitel 1.1 erläutert, soll die Intervention innerhalb des Sportunterrichts nach den Empfehlungen der WHO erfolgen, so dass diese im Folgenden zunächst aufgeführt werden sollen.

Auf Grundlage des aus dem Jahr 2010 stammenden Reportes „Global recommendations on physical activity for health" der WHO (2010, S. 20) sind die im Anhang 14 dargelegten vier Richtlinien (Kriterien) in Bezug auf die Empfehlungen zu gesundheitsfördernden sportlichen Aktivitäten für Kinder und Jugendliche im Alter von 5 – 17 Jahren entscheidend.

Problemstellung bzgl. der Ausgangssituation:

Im Hinblick auf das erste Kriterium (Häufigkeit) ist anzuführen, dass die Häufigkeit oder auch die Verteilung der Sport-Schulstunden im betreffenden Lehrplan der Sekundarstufe I nicht reglementiert werden. Bestätigt wird dieser Sachverhalt durch die deutschlandweit umgesetzte „DSB-SPRINT-Studie", welche in diesem Kontext zu dem Resultat kam, dass die Anzahl der Sportstunden pro Woche nicht in allen Lehrplänen der einzelnen Bundesländer festgelegt ist. Im Gegenzug konnte festgestellt werden, dass bzgl. der untersuchten Lehrpläne, in denen der Zeitrahmen des Sportunterrichts angegeben war, durchschnittlich drei Wochenstunden aufgeführt wurden und jene Schulstunden überwiegend als Einzelstunden à 45 Minuten deklariert wurden (Deutscher Sportbund, 2006, S. 36). Aufgrund jener ergänzenden Tatsache bzgl. der Ausgangssituation wird ersichtlich, dass die Häufigkeit des Sportunterrichtes in der Klassenstufe 5 – 9/10 mit zirka drei Einheiten pro Woche, wobei in diesem Fall von drei Einzelstunden ausgegangen wird, weder die von der WHO geforderte tägliche Bewegung mit mäßiger bis anstrengender Intensität erfüllt, noch der empfohlenen täglichen Gymnastik nachkommt. Zusätzlich ist nach Helmke (2000, S. 87) zu erwähnen, dass lediglich 75 % der dritten Sportstunde aufgrund von Unterrichtsausfall und finanziellen Kürzungen regulär stattfinden, so dass das erste Kriteriums unerfüllt bleibt.

Im Kontext des zweiten Kriteriums (Dauer) muss konstatiert werden, dass eine Schulstunde 45 Minuten umfasst und die empfohlene Richtlinie von mindestens 60 Minuten somit nicht erfüllt werden kann. Auch in Anbetracht einer möglichen Doppelstunde, welche dann 90 Minuten Lehrzeit aufweist, müssen temporäre Faktoren, wie u. a. das Umziehen der Schüler oder auch der Auf- und Abbau von Geräten von den besagten 90 Minuten abgezogen werden. Der Deutsche Sportbund (2006, S. 45) veranschlagt hierfür einen Zeitraum von 15 Minuten pro Schulstunde. Wenn zusätzlich berücksichtigt wird, dass bei zahlreichen Spielen (z. B. Fußball) oder Übungen (z. B. beim Geräteturnen) nicht alle Schüler gleichzeitig aktiv sein können und somit häufig lange Wartezeiten für den einzelnen Schüler entstehen, Trinkpausen eingehalten werden oder auch die Erklärung der jeweiligen Übung bzw. des jeweiligen Spiels Zeit in Anspruch nimmt, kann festgehalten werden, dass auch bei einer Doppelstunde des Sportunterrichts eine kontinuierliche Bewegungsaktivität von 60 Minuten bei jedem Schüler nicht gewährleistet werden kann.

Im Zusammenhang mit der dritten Richtlinie der WHO ist aufzuführen, dass eine Festlegung der Intensität bzgl. der jeweiligen sportlichen Aktivität im Unterricht nicht im Lehrplan des Bundeslandes Schleswig-Holsteins vorzufinden ist, was die Schlussfolgerung zulässt, dass jenes Kriterium der WHO von vielen individuellen Faktoren, wie u. a. der Motivation des jeweiligen Schülers oder auch von der Unterrichtsart des jeweiligen Lehrers, abhängig ist und dessen Erfüllung dadurch nicht eindeutig sichergestellt werden kann.

In Bezug auf das vierte Kriterium (Sportarten) werden in Anbetracht der im Lehrplan angeführten Themenbereiche alle von der WHO empfohlenen Sportarten im Sportunterricht der Sekundarstufe I behandelt. Den Umfang sowie die Regelmäßigkeit, mit denen die jeweilige Inhalten eines Themenbereichs in der Praxis umgesetzt werden, obliegt laut Lehrplan (MBWFK, 2015, S. 36) dem Lehrkörper, so dass auch jenes Kriterium in starker Abhängigkeit vom jeweiligen Lehrer steht und eine Einhaltung jener Richtlinie nicht gewährleistet werden kann.

Demnach ist zu resümieren, dass die Problemstellung darin besteht, dass die vier Kriterien im Kontext gesundheitsfördernder sportlicher Aktivitäten nach den Empfehlungen der WHO durch den Sportunterricht in der Sekundarstufe I im Bundesland Schleswig-Holstein und somit in der betrachteten Schule nicht ausreichend erfüllt werden.

Problemstellung bzgl. der derzeitigen Datenlage:

Im Hinblick auf die Ergebnisse der „KiGGS"-Studie (Welle 1) kann gefolgert werden, dass zirka drei Viertel der Kinder und Jugendlichen in Deutschland die von der WHO empfohlenen 60 Minuten tägliche körperliche Aktivität nicht erreicht, wobei der Anteil der Kinder und Jugendlichen, die seltener als an zwei Tagen pro Woche für mindestens 60 Minuten körperlich aktiv sind, bei 6,3 % liegt (RKI, 2014, S. 2).

Die Ergebnisse der HBSC weisen in diesem Zusammenhang ähnliche Tendenzen auf: 88 % der Mädchen sowie 80,9 % der Jungen können laut der Untersuchung die Vorgaben für eine gesundheitsförderliche körperliche Aktivität von täglich 60 Minuten moderat intensiver körperlicher Aktivität nicht erfüllen, wobei im Alter von 11 Jahren der Anteil der Jungen (24,6 %) und Mädchen (16,0 %), die jene Anforderung erfüllen, am größten ist. Mit zunehmendem Alter nimmt die körperliche Aktivität bei beiden Geschlechtern ab. Nur noch 8,8 % der 15jährigen Mädchen sind aus gesundheitswirksamer Sicht ausreichend körperlich aktiv (HBSC-Studienverbund Deutschland, 2015, S. 1).

Aufgrund jener Datenlage kann im Hinblick auf die geplante Intervention festgehalten werden, dass die aufgezeigten Untersuchungen zwar die Fragestellungen nach der Häufigkeit, der Dauer sowie der Intensität der körperlichen Bewegung berücksichtigen, sie jedoch die Frage nach der gewählten Art der physischen Betätigung außer Acht lassen und somit eine Überprüfung der Erfüllung aller Kriterien nach der WHO aufgrund der mangelnden Berücksichtigung jenes vierten Kriteriums nicht ermöglichen.

Trotz des fehlenden exakten Abgleichs zwischen den erläuterten Untersuchungsergebnissen und den Kriterien der WHO, wird anhand der Auswertung beider Studien die Problemstellung offensichtlich, dass sich die Mehrzahl der Kinder und Jugendlichen im Kontext der Empfehlungen nach der WHO nicht ausreichend körperlich aktiviert.

1.3 Forschungsdefizite

Nach Wabitsch (2004, S. 253) und Prof. Dr. Arne Morsch (persönl. Mitteilung, 23.06.2016) ist im Gegensatz zur epidemiologischen und medizinischen Bedeutung weltweit das weitgehende Fehlen von fundierten Therapie- und Interventionsstudien im Hinblick auf die Thematik des Übergewichts bzw. der Adipositas bei Kindern und Jugendlichen anzuführen.

Epidemiologische Studien untersuchen, wie Gesundheitsstörungen und krankheitsverursachende Faktoren in der Bevölkerung oder bei speziellen Gruppen von Menschen verteilt sind, so dass jenes gewonnene Wissen in Maßnahmen zur Kontrolle von Gesundheitsproblemen einfließt (Klug, Bender, Blettner & Lange, 2004, S. 8). Beispiele hierfür sind die in Kapitel 1.2 aufgeführten Studien oder auch die infolge der Literaturanalyse u. a. recherchierte „IDEFIKS-Studie", welche ein Projekt zur interdisziplinären Evaluierung der Fitness und Gesundheit bei Kindern im Saarland darstellt (Urhausen et al., 2004, S. 202). Eine andere Art der Untersuchung stellen Interventionsstudien dar. Hierbei handelt es sich um ein Pretest-Posttest-Design, bei dem die jeweiligen Probanden vor und nach der Intervention (Maßnahme) untersucht werden, um so die Effektivität der jeweiligen Intervention analysieren zu können (Bortz & Döring, 2006, S. 672). Häufig zitierte Untersuchungen jener Art sind z. B. die für das betrachtete Bundesland und damit für die betrachtete Schule relevante „Kieler Adipositaspräventionsstudie" (KOPS) sowie die von den Universitäten in London, Göttingen und München entwickelte Interventionsstudie „PowerKids". Erstere untersuchte im Zeitraum von 1996 bis zum Jahr 2001 4997 Kinder bzgl. der Determinanten von Übergewicht und erforschte ein entsprechendes Interventionskonzept, das jedes Jahr an drei Modellschulen mit dem Ziel der Gesundheitsförderung für alle Schüler und Lehrer durchgeführt wurde (Czerwinski-Mast et al., 2003, S. 727). Bei der letzteren Studie „PowerKids" lernten die teilnehmenden Kinder im Alter von 8 bis 12 Jahren mit Hilfe attraktiver Spielmaterialien und Videoclips, ihr Essverhalten selbst zu kontrollieren, die Fett- und Kalorienaufnahme zu begrenzen und die körperliche Bewegung zu steigern (Pigeot, Bosche & Pohlabeln, 2004, S. 263 – 264). In Relation zu anderen Untersuchungsarten, wie z. B. den erläuterten epidemiologischen Studien, konnte mit Hilfe der Literaturrecherche in diesem Kontext herausgearbeitet werden, dass lediglich eine sehr geringe Anzahl solcher Interventionsstudien bzgl. der im Fokus stehenden Thematik vorhanden ist und die eingangs dargelegte Aussage von Wabitsch und Morsch somit nicht nur bestätigt werden kann, sondern zudem als ein aktuelles Forschungsdefizit angesehen werden kann. Anhand der durchgeführten der Literanalyse sowie in Anbetracht der in Kapitel 1.2 und in diesem Kapitel aufgezeigten Studien ist zudem zu erkennen, dass der Aspekt des Sportunterrichts als Möglichkeit der Intervention in Bezug auf Übergewicht bzw. Adipositas bei Kindern und Jugendlichen in der Literatur bzw. Forschung zwar diskutiert wird, es jedoch an einer ausreichenden Anzahl an (Interventions-)Studien für jenes Szenario mangelt, was ein weiteres Forschungsdefizit darstellt (A. Morsch, persönl. Mitteilung, 23.06.2016). Jene kritische Betrachtung steht in enger Verbindung mit einem weiteren Forschungsdefizit, welches bereits in Kapitel 1.2 innerhalb der Beschreibung der Problemstellung bzgl. der derzeitigen Datenlage aufgegriffen wurde und darin besteht, dass die aktuelle Forschung keinen Aufschluss darüber gibt, inwiefern eine Intervention (im Rahmen des Sportunterrichts), welche die vier Kriterien der WHO erfüllt, einen Einfluss auf das Körpergewicht (sowie auf andere damit in Verbindung stehende Parameter) von Kindern und Jugendlichen hat.

1.4 Untersuchungsziel/Forschungsfragen/Zielparameter

Untersuchungsziel:

Mit der geplanten Intervention soll untersucht werden, inwiefern ein Bewegungsprogramm nach den Empfehlungen der WHO innerhalb des Sportunterrichts Einfluss auf das Körpergewicht, den BMI, den Körperfettanteil sowie auf den Taille-Hüft-Quotienten (THQ) von Kindern und Jugendlichen in der Klassenstufe 5 – 9/10 hat.

Hierbei wird das übergeordnete Ziel verfolgt, Kindern und Jugendlichen, welche bereits als übergewichtig bzw. adipös einzustufen sind, zur Körpergewichtsreduktion bzw. zur Verbesserung der weiteren genannten Parameter zu verhelfen, sowie Normalgewichtigen bei der Gewichtsstabilisierung zu unterstützen, um dadurch die Basis für eine Prävention im Hinblick auf die in Kapitel 1.1 geschilderten möglichen Folgeerkrankung von Übergewicht bzw. Adipositas zu schaffen.

Forschungsfrage:

Nach Schwarzer (2001, S. 149) sollte eine Forschungsfrage möglichst präzise und spezifisch formuliert werden. Sie gilt als Grundlage einer Forschungsplanung, beantwortet in diesem Sinne das Forschungsvorhaben und sollte diverse Kriterien, welche in Anhang 15 dargestellt werden, erfüllen. Auf Basis jener Kriterien und vor dem Hintergrund der in Kapitel 1.3 erläuterten Forschungsdefizite wird folgende Forschungsfrage in Bezug auf das gewählte Schwerpunktthema gewählt:

„Welchen Einfluss hat ein nach den Empfehlungen der WHO konzipiertes Bewegungs-programm auf das Körpergewicht, den BMI, den Körperfettanteil und auf den THQ von Schülern der Sekundarstufe I?"

Um jene formulierte Forschungsfrage mit statistischen Mitteln systematisch überprüfen zu können, ist es notwendig Hypothesen aufzustellen. Hierbei sind Hypothesen präzise Aussagen, die einen Zusammenhang von mindestens zwei Variablen gegenüberstellen, wobei jede Hypothese so formuliert sein muss, dass sie auch als falsch erwiesen werden kann (Kuckartz, Rädiker, Ebert & Schehl, 2013, S. 144). Nach Atteslander (2010, S. 42) muss die Arbeitshypothese (Alternativhypothese) ebenfalls diverse Kriterien erfüllen, welche dem Anhang 16 der vorliegenden Einsendeaufgabe zu entnehmen sind. Auf-grund dieser Richtlinien lässt sich folgende Arbeitshypothese (Alternativhypothese) aus der Forschungsfrage ableiten:

H_1: Das nach den Empfehlungen der WHO konzipierte Bewegungsprogramm führt zu einer Reduktion des Körpergewichts, des BMI, des Körperfettanteils und des THQ von Kindern der Sekundarstufe I.

Aufgrund der Tatsache, dass die formulierte Alternativhypothese nach Hagl (2008, S. 170) eine Veränderung im Sinne eines Unterschieds der Ausprägung bzgl. der gewähl-ten Variablen postuliert, wird sie auch als Veränderungshypothese bezeichnet, welche nach Prof. Dr. phil. Pieter (persönl. Mitteilung, 01.08.2016) als Unterschiedshypothese behandelt werden kann. Da von einer Richtung, in dem Fall von einer Reduktion, des Zusammenhangs ausgegangen wird, handelt es sich um eine gerichtete Zusammen-hangshypothese. Aufgrund der Tatsache, dass keine Aussage über den Unterschied des Zusammenhangs, sprich über den Wert der Reduktion bzgl. der gewählten Parameter, getroffen wird, deklariert man die gerichtet Zusammenhangshypothese zusätzlich als unspezifisch (Kuckartz, Rädiker, Ebert & Schehl, 2013, S. 146).

Nach Kuckartz, Rädiker, Ebert und Schehl (2013, S. 145) wird der empirische Sachver-halt der Alternativhypothese durch den statistischen Hypothesentest mit Hilfe der For-mulierung der Nullhypothese geprüft, wobei die Nullhypothese die formale Gegenhypo-these zur zuvor ausformulierten Alternativhypothese darstellt und dementsprechend wie folgt lautet:

H_0: Das nach den Empfehlungen der WHO konzipierte Bewegungsprogramm führt nicht zu einer Reduktion des Körpergewichts, des BMI, des Körperfettanteils und des THQ von Kindern der Sekundarstufe I.

Zielparameter:

Zielparameter sind definiert als messbare Indikatoren, die zur Beurteilung der Wirksamkeit und des Nutzens der Interventionsmaßnahme dienen (Pieter & Emrich, 2015, S. 86). Die hierbei zu beachtenden Gütekriterien nach Friedrichs (1990, S. 89) werden im Anhang 17 dargestellt. Die Erfüllung jener Kriterien wird als Grundlage für die Bestimmung der Zielparameter angesehen, so dass das Körpergewicht, der BMI, der Wert des Körperfettanteils sowie der THQ der Schüler in Bezug auf die gewählte Intervention als Zielparameter identifiziert werden können.

2 Untersuchungsaufbau und -ablauf

2.1 Probandenkollektiv

In Bezug auf die geplante Intervention soll sich das Probandenkollektiv im Idealfall aus allen 450 Schülern der betrachteten Schule zusammensetzen. Hierbei liegt nach Angaben der Schulleiterin Monica Sabelt (Name wurde geändert) eine geschlechtsspezifische Verteilung von 239 Jungen zu 211 Mädchen vor, wobei das Durchschnittsalter 13,8 Jahre beträgt. Da nach Pieter und Emrich (2014, S. 112) Störfaktoren bereits in der Auswahl der Probanden entstehen können, was im Hinblick auf die Intervention ein nicht verwertbares Ergebnis zur Folge hätte, werden diverse Ein- bzw. Ausschlusskriterien bzgl. der Auswahl des Probandenkollektivs festgelegt und in Anhang 18 der Einsendeaufgabe aufgezeigt.

2.2 Studiendesign

Zur Überprüfung der in Kapitel 1.4 aufgestellten Hypothesen wird ein Pretest-Posttest-Design angewendet, dessen schematische Darstellung in Anhang 19 vorzufinden ist. Aus Tabelle 3 (Anhang 19) geht hervor, dass im Rahmen der Studie (R) zunächst der Status quo in Bezug auf die zu untersuchenden Parameter mit Hilfe eines Pretests (O von Observation) zum Zeitpunkt vor der Intervention (t_1) ermittelt wird. Im Anschluss erfolgt das Einwirken des experimentellen Stimulus, in diesem Fall die Durchführung der Intervention (X), zum Zeitpunkt t_2. Nach Beendigung jener Maßnahme (t_3) erfolgt eine erneute Messung der entsprechenden Parameter. Es handelt sich hierbei um den Posttest (O), mit dessen Hilfe die Wirkung der durchgeführten Intervention ermittelt wird. Obwohl nach Pieter, Fröhlich und Papathanassiou (2014, S. 109 – 110) das Heranziehen einer Kontrollgruppe die Beurteilungssituation im Vergleich zu einer einmaligen Messung erheblich verbessert, da u. a. ein direkter Vergleich mit der Experimentalgruppe ermöglich wird und zudem die Aussagekraft des Ergebnisses durch die Werte der Kontrollgruppe zu den beiden Messzeitpunkten zusätzlich abgesichert werden kann, muss aufgrund der laut Prof. Dr. Arne Morsch (persönl. Mitteilung, 23.06.2016) bestehenden mangelnden Praktikabilität im Bereich des Schulsportunterrichts auf den Einsatz einer Kontrollgruppe verzichtet werden. In Bezug auf die dargestellte Vorher-Nachher-Messung stellt die direkte Differenzmessung die Messmethode dar, bei der die in Anhang 20 aufgeführten anthropometrischen Parameter untersucht werden sollen. Zur Bestimmung jener Daten werden folgende Messinstrumente eingesetzt:

- Alter: Kinderausweis oder Geburtsurkunde
- Körpergröße: Personenlängenmessgerät mit Ultraschall-Messtechnik (keine Typbezeichnung vorhanden) des Herstellers „Soehnle" (Anhang 21)
- Körpergewicht: Digitale Adipositaswaage Typ „K-MXS" des Herstellers „Bosche Wägetechnik" (Anhang 22)
- Hüft- und Taillenumfang: Ergonomisches Umfangsmessband Typ „201" des Herstellers „seca" (Anhang 23)
- Körperfettanteil: Gerät zur bioelektrischen Impedanzanalyse Typ „BIA 101" des Herstellers „Akern" (Anhang 24)

Zusätzlich werden folgende zu berechnende Parameter erhoben:
- Body Mass Index (BMI) (kg/m^2) bzw. WHO-Perzentilen
- Taille-Hüft-Quotient

Die Basis für die folgende Erläuterung des zeitlichen und organisatorischen Ablaufs der Untersuchung stellt die Abbildung 22 (Anhang 25) dar, welche sich an dem Vier-Phasen-Modell (Anhang 26) zum Aufbau statistischer Untersuchungen nach Hagl (2008, S. 18) orientiert.

Interventionsvorbereitung (Anfang Juli 2017– Ende Dezember 2017):

Bevor die Intervention geplant bzw. vorbereitet werden kann, sollte berücksichtigt werden, dass es zwingend notwendig ist, die Zustimmung der betroffenen Schule bzw. des zuständigen MBWFK bzgl. des geplanten Unterfangens einzuholen, um die Rahmenbedingungen für die Umsetzung der Intervention zu schaffen. Zudem sollten bereits im Vorfeld der Interventionsvorbereitung die tatsächlichen Inhalte der Untersuchung (z. B. Art des Studiendesigns, etc.) und der Intervention (Bewegungsprogramm für den Sportunterricht) konzipiert werden. Auf jener Basis wird zunächst im Rahmen der Interventionsvorbereitung der Zeitraum, in dem die einzelnen Phasen der Untersuchung stattfinden sollen, bestimmt. Hierbei ist im gewählten Setting insbesondere auf die Termine der Schulferien zu achten. So würde bspw. die Ansetzung der Interventionsdurchführung zum Zeitpunkt einer Ferienperiode zu einer geringeren Anzahl an Probanden führen. Ein weiterer Aspekt der Interventionsvorbereitung ist die Anpassung der bestehenden Struktur des Sportunterrichts an das konzipierte Bewegungsprogramm und die damit verbundenen Richtlinien der WHO. Jene Anpassung wird u. a. die Dauer, Inhalte und Häufigkeit des Sportunterrichts der betrachteten Schule betreffen, was zu einer Änderung der Stundenpläne führt und bei deren Erstellung seitens der Schulleitung berücksichtigt werden muss. Im Rahmen jener organisatorischen Planung bzw. Vorbereitung muss seitens der Schulleitung ebenfalls gewährleistet werden, dass die schuleigene Turnhalle für das geplante Unterfangen stets genügend Kapazitäten bietet.

Um eine optimale Durchführung der Intervention sicherstellen zu können, ist es während der Interventionsvorbereitung notwendig, die jeweiligen Sportlehrer auf die neuen Gegebenheiten des Sportunterrichts einzustellen und sie im Hinblick auf die Betreuung der Schüler während der Umsetzung und Durchführung der Intervention zu unterweisen. Zusätzlich werden Termine abgesprochen, an denen Mitarbeiter des Forschungsteams die Vorgehensweise der Lehrer in den entsprechenden Schulstunden observieren und ggf. während der Intervention entsprechend korrigieren bzw. optimieren.

Ein weiterer Aspekt, der in der Vorbereitung beachtet werden muss, ist die Bestimmung der Anzahl der Probanden, welche mit Hilfe der Überprüfung der Einschluss- und Ausschlusskriterien erfolgt. Hierzu wird jedes Kind bzw. dessen Eltern (Erziehungsberechtigter) ein Informationsschreiben postalisch erhalten, in dem zum einen das Forschungsprojekt beschrieben wird und zum anderen die vom Forschungsteam benötigten Unterlagen und Daten eines jeden Schülers mit einer entsprechenden Frist aufgelistet werden. Wie in Kapitel 2.1 dargestellt, gehören eine Kopie des Kinderausweises oder einer Geburtsurkunde, eine ärztliche Unbedenklichkeitserklärung sowie die von einem

Erziehungsberechtigten unterschriebene Einverständniserklärung zu jenen Dokumenten. Um die Schüler und deren Eltern mit jenem Schreiben nicht unvorbereitet zu überraschen oder gar zu überfordern, wird im Vorfeld der Versendung des Schreibens ein Eltern-Schüler-Abend in allen Klassenstufen stattfinden, welcher als Informationsveranstaltung in Bezug auf die anstehende Untersuchung angesehen werden kann und bei der sich neben den Klassenlehrern Mitarbeiter aus dem Forschungsteam zum offenen Dialog zur Verfügung stellen. Nach Auswertung der Antworten bzgl. der Informationsschreiben, werden die entsprechenden Schüler bzw. Eltern postalisch über den Termin für die Erhebung der untersuchungsrelevanten Parameter im Pretest informiert. Mit Bezug auf jenen Pretest wird im Rahmen der Interventionsvorbereitung ebenfalls festgelegt und vorbereitet, an welchen Tagen, zu welcher Uhrzeit, in welchen Räumlichkeiten und von welchen Mitarbeitern des Forschungsteams die Vorher-Messung stattfindet. Die Vorbereitung bzgl. der Nachher-Messung im März 2018 wird identisch sein. Im Hinblick auf die Datenanalyse sowie der Bewertung der Forschungsergebnisse ist im Rahmen der Interventionsplanung zum einen zu bestimmen, welches Analyseverfahren (z. B. Clusteranalyse, Varianzanalyse, etc.) anzuwenden ist, und zum anderen, mit Hilfe welcher Software (z. B. „IBM SPSS Statistics", etc.) in diesem Zusammenhang gearbeitet werden soll, um eine optimale Datenaufbereitung sowie eine aussagekräftige Beurteilung und Bewertung der Untersuchungsergebnisse erzielen zu können.

Pretest (Anfang Januar 2018):

Nachdem von Juli 2017 bis Ende Dezember 2017 alle Schritte geplant und eingeleitet worden sind, um einen störungsfreien Ablauf der Studie gewährleisten zu können, ist im Januar der tatsächliche Beginn des Vorher-Nachher-Designs in Form des Pretests. Mit Hilfe der im Vorfeld versendeten Informationsschreiben wurden die Schüler zu unterschiedlichen Uhrzeiten zum Pretest in die Turnhalle der Grundschule eingeladen, was eine Überfüllung der räumlichen Kapazitäten verhindern soll. Vorort werden die Kinder zudem in kleinere Gruppen eingeteilt und jeweils einem Team aus Forschern zugeordnet, welches die Datenerhebung an ihrer jeweiligen „Messstation" vornehmen wird. So werden die benötigten Parameter an mehreren Stationen gleichzeitig erhoben, was den Zeitaufwand minimiert.

Durchführung der Intervention (Mitte Januar 2018 – Ende Februar 2018):

Um die Intervention mit möglichst aktuellen Daten bzgl. der physischen Verfassung der Probanden aus der Vorher-Messung beginnen zu können, ist ihr Start wenige Tage nach dem Pretest für Mitte Januar 2018 geplant und erfolgt über sechs Wochen. Hierbei finden die in der Interventionsvorbereitung geplanten und bereits erläuterten Aspekte ihre tatsächliche Umsetzung, wobei das im Vorfeld konzipierte Bewegungsprogramm (Anhang 27) seine Anwendung findet.

Posttest (Anfang März 2018):
Der zeitliche und organisatorische Ablauf der Nachher-Messung wird dem der Vorher-Messung gleichen. Zudem wird auch bei jener terminlichen Planung auf eine möglichst zeitnahe Messung in Form von nur wenigen Tagen nach Beendigung der Intervention geachtet.

Datenanalyse und Bewertung/Beurteilung der Forschungsergebnisse (März 2018 – Ende Juni 2018):
Im Hinblick auf jenen Schritt der Untersuchung soll zunächst die explorative Datenanalyse durchgeführt werden, um nach Pieter, Fröhlich und Papathanassiou (2014, S. 153) Fragen bzgl. der formalen Qualität des Datenmaterials zu beantworten. Demnach soll sich ein Bild von den gewonnenen Daten verschafft werden, um sie im Anschluss auf ihre Plausibilität hin zu prüfen. Mit Hilfe dieser Verfahrensweise lassen sich bereits im Vorfeld der darauffolgenden deskriptiv-statistischen Auswertung und der Inferenzstatistik, auf welche in Kapitel 3 eingegangen wird, mögliche Auffälligkeiten in der Datenstruktur sowie mögliche Datenfehler erkennen. Zusätzlich soll die explorative Datenanalyse in Bezug auf die geplante Intervention zum Zwecke der Datenreduktion und Datenstrukturierung dienen (Pieter, Fröhlich & Papathanassiou, 2014, S. 154). Die Darstellung der Lage und Verteilung von Werten oder auch die Suche nach möglichen Ausreißern sind ebenfalls essenzielle Bestandteil der explorativen Analyse. Zudem wird sich mit ihrer Hilfe erkennen lassen, inwiefern bestimmte Voraussetzungen von Daten für weitere Berechnungen erfüllt sein werden. So gehen zahlreiche Analyseverfahren (z. B. T-Test, Varianzanalyse, etc.) davon aus, dass die Werte einer Variablen in der Grundgesamtheit normalverteilt sind. Demgegenüber erfordern andere Verfahrensweisen das Vorliegen homogener Varianzen, was sich durch die explorative Datenanalyseverfahren überprüfen lässt (Pieter, Fröhlich & Papathanassiou, 2014, S. 153 – 154).
Im Zuge der sich anschließenden Bewertung und Beurteilung des aufgearbeiteten Datenmaterials wird das Ergebnis der Intervention auf statistische Signifikanz geprüft (Pieter, Fröhlich & Papathanassiou, 2014, S. 193). Hierbei wird das Ergebnis als signifikant bezeichnet, wenn die Wahrscheinlichkeit des gefundenen Untersuchungsergebnisses

unter der Annahme, dass die H_0 korrekt sei, höchstens 5 % beträgt. Beträgt jene Wahrscheinlich jedoch höchstens 1 %, so ist das Ergebnis als hoch signifikant einzustufen, wobei der singuläre Wert eine geringe Aussagekraft bzgl. der Bedeutsamkeit des Ergebnisses hat (Pieter, Fröhlich & Papathanassiou, 2014, S. 204). Zusätzlich zur statistischen Signifikanz soll im Rahmen der Bewertung und Beurteilung der Forschungsergebnisse die Effektstärke berücksichtigt werden. Sie beantwortet die Frage, wie groß ein Unterschied bzw. eine Korrelation zwischen Populationen sein muss, damit man von einem praktisch bedeutsamen Unterschied bzw. einer praktisch relevanten Korrelation sprechen kann (Pieter, Fröhlich & Papathanassiou, 2014, S. 194). Dadurch ermöglichen Effektstärken es, über die geplante Studie hinweg vergleichbare Aussagen über die Größe von Unterschieden, Zusammenhängen und diversen weiteren Arten von Resultaten zu machen (Pieter, Fröhlich & Papathanassiou, 2014, S. 204).

3 Datenauswertung

3.1 Deskriptiv-statistische Auswertung

Die deskriptive Statistik, auch beschreibende Statistik genannt, konzentriert sich auf die zusammenfassende Darstellung von Daten und verarbeitet diese in Informationen. Sie beinhaltet alle Verfahren, welche sich mit der Beschreibung und Darstellung von Daten auseinandersetzen. Zu jenen Verfahren gehören u.a. die Erstellung von Grafiken, Tabellen oder auch die Berechnung von deskriptiven Kennzahlen bzw. Parametern, bei welchen statistische Daten erhoben und betrachtet werden (Cleff, 2011, S.4). Durch die Aufbereitung und tabellarische bzw. grafische Veranschaulichung kann selbst schwer erfassbares Material an Daten übersichtlich dargestellt werden (Assenmacher, 1996, S.3). Die Datenerhebung erfolgt dabei in der Regel direkt in Form einer Beobachtung, einer Befragung oder eines Experiments (Toutenbourg, 2000, S.8).

In Bezug auf die geplante Intervention soll mit Hilfe der deskriptiv-statistischen Auswertung geprüft werden, ob zwischen der Pre- und Post-Testung der Experimentalgruppe Diskrepanzen, sprich Unterschiede, zu erkennen sind. In Anlehnung an Pieter, Fröhlich und Papathanassiou (2014, S. 17) erfolgt dies durch die Betrachtung bzw. Berechnung der Lage- und Streuungsparameter im Hinblick auf die gewählten Variablen. Hierbei geben Lagemaße Auskunft über die zentrale Tendenz einer Verteilung und Streuungsmaße Aufschluss über die Variabilität der Werte (Pieter, Fröhlich &

Papathanassiou, 2014, S. 17). In diesem Kontext werden in Anhang 28 – 29 alle relevanten Maße aufgezeigt und verdeutlicht. Obwohl die im Anhang 30 aufgeführten Berechnungswege für alle relevanten Variablen der Untersuchung gelten sollen, ist in diesem Kontext abschließend anzumerken, dass die Berechnung einzelner Lage- bzw. Streuungsmaße in Bezug auf die jeweilige Variable nicht pauschal als sinnvoll erachtet werden kann. So ergibt z. B. die Berechnung des Median im Hinblick auf den BMI ein wenig aussagekräftiges Ergebnis (A. Pieter, persönl. Mitteilung, 01.08.2016).

3.2 Inferenzstatistik

Mit Hilfe der Inferenzstatistik, welche auch schließende Statistik bezeichnet wird, werden Schlüsse von Eigenschaften einer Stichprobe auf die Grundgesamtheit gezogen und übertragen. Ziel der Inferenzstatistik ist es, Aussagen über die Güte dieser Schlüsse zu treffen (Schäfer, 2011, S. 12).

Im vorliegenden Studiendesign liegen zwei Stichproben gleichen Umfangs vor, welche paarweise geordnet sind, und bei denen die Differenzen der Werte normal verteilt sind. Es handelt sich somit um Wertepaare, die für dieselben Probanden gemessen werden, was nach Pieter, Fröhlich und Papathanassiou (2014, S. 51) auf das Vorliegen von abhängigen Stichproben schließen lässt. In Anbetracht der ausgewählten Parameter, sprich Variablen, ist zu konstatieren, dass sich deren Merkmale und deren Ausprägungen mittels Zahlen darstellen lassen, und es sich somit nach Schäfer (2011, S. 51) um metrische (oder auch quantitative) Variablen handelt.

Aufgrund jener Tatsache wird der t-Test im Sinne des Differenzen-t-Test zur Überprüfung der in Kapitel 1.4 aufgestellten Arbeitshypothese herangezogen. Nach Pieter, Fröhlich und Papathanassiou (2014, S. 49) stellt jener Test eine Möglichkeit zur Überprüfung der Signifikanz von Mittelwertunterschieden metrischer Variablen da, wobei er an eine annähernde Normalverteilung der Werte gebunden ist. Liegt der gemessene t-Wert unterhalb des Signifikanzniveaus, muss die H_0 zugunsten der Alternativhypothese H_1 abgelehnt werden. Liegt der gemessene t-Wert innerhalb des Konfidenzintervalls, kann die H_0 nicht ohne weiteres angenommen werden, da die Entscheidung durch die Wahrscheinlichkeit einen β â Fehler zu begehen belastet ist. Die Formel für die Berechnung des t-Wertes nach Pieter, Fröhlich und Papathanassiou (2014, S. 52) ist dem Anhang 31 dieser Einsendeaufgabe zu entnehmen.

4 Literaturverzeichnis

Assenmacher, W. (1996). *Deskriptive Statistik*. Berlin: Springer.

Atteslander, P. (2010). *Methoden der empirischen Sozialforschung*. Berlin: Erich Schmidt.

Bencke, A. & Vogel, H. (2005): Übergewicht und Adipositas. In Robert Koch-Institut (Hrsg.)., *Gesundheitsberichterstattung des Bundes Heft 16. Übergewicht und Adipositas* (S. 15). Berlin: Hrsg.

Bortz, J. & Döring, N. (2006). *Forschungsmethoden und Evaluation für Human- und Sozialwissenschaftler* (5. Aufl.). Heidelberg: Springer.

Cleff, T. (2011). *Deskriptive Statistik und moderne Datenanalyse. Eine computergestützte Einführung mit Excel, PASW (SPSS) und STATA* (2. überarb. und erw. Aufl.). Wiesbaden: Gabler.

Czerwinski-Mast, M., Danielzik, S., Asbeck, I., Langnäse, K., Spethmann, C. & Müller, M.J. (2003). Kieler Adipositaspräventionsstudie (KOPS). Konzept und erste Ergebnisse der Vierjahres-Nachuntersuchungen. *Bundesgesundheitsblatt – Gesundheitsforschung – Gesundheitsschutz 46*, 727–731.

Deutscher Sportbund (2006). *DSB SPRINT-Studie. Eine Untersuchung zur Situation des Schulsports in Deutschland*. Aachen: Meyer und Meyer.

Friedrichs, J. (1990). *Methoden empirischer Sozialforschung*. Berlin: Springer.

Goldapp, C., Mann, R. & Shaw, R. (2005): Qualitätsraster für Präventionsmaßnahmen für übergewichtige und adipöse Kinder und Jugendliche. In Bundeszentrale für gesundheitliche Aufklärung (Hrsg.), *Gesundheitsförderung Konkret Band 4. Qualitätskriterien für Programme zur Prävention und Therapie von Übergewicht und Adipositas bei Kindern und Jugendlichen* (S. 12). Köln: Bundeszentrale für gesundheitliche Aufklärung.

Hagl, S. (2008). *Schnelleinstieg Statistik*. München: Haufe.

HBSC-Studienverbund Deutschland (Hrsg.) (2015). *Studie Health Behaviour in School-aged Children – Faktenblatt „Körperliche Aktivität bei Kindern und Jugendlichen"*. Halle: Hrsg.

Helmke, A. (2000). Qualität und Qualitätssicherung im Bildungsbereich; Schule, Sozialpädagogik, Hochschule. *Zeitschrift für Pädagogik, 41*, 73-92.

Homfeldt, H.G. & Ritter, A. (2005): *Das dicke Kind*. Baltmannsweiler-Hohengehren: Schneider.

Hölling, H., Kamtsiuris, P. & Lange, M. (2007). Der Kinder- und Jugendgesundheitssurvey (KiGGS): Studienmanagement und Durchführung der Feldarbeit. *Bundesgesundheitsblatt – Gesundheitsforschung – Gesundheitsschutz, 50*, 557-566.

Kamtsiuris, P., Lange M. & Schaffrath Rosario, A. (2007). Der Kinder- und Jugendgesundheitssurvey (KiGGS): Stichprobendesign, Response und Nonresponse-Analyse. *Bundesgesundheitsblatt – Gesundheitsforschung – Gesundheitsschutz, 50*, 547-556.

Klug, S.J., Bender, R., Blettner, M. & Lange, S. (2004). Wichtige epidemiologische Studientypen. *Deutsche medizinische Wochenschrift, 129*, 7-10.

Knoll, K.P. (2010). *Kosten der Adipositas in der Bundesrepublik Deutschland.* München: Technische Universität.

Kuckartz, U. Rädiker, S., Ebert, T. & Schehl, J. (2013). *Statistik – Eine verständliche Einführung* (2. überarb. Aufl.). Wiesbaden: Springer.

Kurt, B.M. & Schaffrath Rosario, A. (2007): *Die Verbreitung von Übergewicht und Adipositas bei Kindern und Jugendlichen in Deutschland. Ergebnisse des bundesweiten Kinder- und Jugendgesundheitssurveys (KiGGS).* Berlin: Springer.

Manz, K., Schlack, R. & Poethko-Müller, C. (2014) Körperlich-sportliche Aktivität und Nutzung elektronischer Medien im Kindes- und Jugendalter. Ergebnisse der KiGGS-Studie – Erste Folgebefragung (KiGGS Welle 1). *Bundesgesundheitsblatt – Gesundheitsforschung – Gesundheitsschutz 57* (7), 840–848.

Ministerium für Bildung, Wissenschaft, Forschung und Kultur Schleswig-Holstein. (Hrsg.). (2015a). *Lehrplan für die Sekundarstufe I der weiterführenden allgemeinbildenden Schulen, Hauptschule, Realschule, Gymnasium, Gesamtschule.* Kiel: Hrsg.

Ministerium für Bildung, Wissenschaft, Forschung und Kultur Schleswig-Holstein. (Hrsg.). (2015b). *Lehrplan für die Grundschule.* Kiel: Hrsg.

Müller, M.J., Mast, M., Bosy-Westphal, A. & Danielzik, S. (2003): Diagnostik und Epidemiologie. In F. Petermann & V. Pudel (Hrsg.), *Übergewicht und Adipositas* (S. 41). Göttingen: Hogrefe.

Pieter, A. & Emrich, E. (2014). *Studienbrief „Qualitätsentwicklung und Evaluation".* Saarbrücken: Deutsche Hochschule für Prävention und Gesundheitsmanagement.

Pieter, A., Fröhlich, M. & Papathanassiou, V. (2014). *Studienbrief „Forschungsmethoden".* Saarbrücken: Deutsche Hochschule für Prävention und Gesundheitsmanagement.

Pigeot, I., Bosche, H. & Pohlabeln, H. (2004). Programme der Primärprävention von

Adipositas und Übergewicht im Kindesalter. *Bundesgesundheitsblatt – Gesundheitsforschung – Gesundheitsschutz 47*, 256–265.

Richter, M. (2003). Anlage und Methode des Jugendgesundheitssurveys. In Hurrelmann, K, Klocke, A., Melzer, W. & Ravens-Sieberer (Hrsg.), Jugendgesundheitssurvey: *internationale Vergleichsstudie im Auftrag der Weltgesundheitsorganisation WHO* (S. 9–12). Weinheim: Juventa.

Robert Koch-Institut. (Hrsg.). (2006). *Erste Ergebnisse der KIGGS-Studie. Zur Gesundheit von Kindern und Jugendlichen in Deutschland.* Berlin: Hrsg.

Robert Koch-Institut. (Hrsg.). (2014). *Faktenblatt zu KiGGS Welle 1: Studie zur Gesundheit von Kindern und Jugendlichen in Deutschland – Erste Folgebefragung 2009 – 2012.* Berlin: Hrsg.

Schäfer, T. (2011). *Statistik II. Inferenzstatistik.* Wiesbaden: VS Verlag.

Schwarzer, R. (2004). *Psychologie des Gesundheitsverhaltens. Einführung in die Gesundheitspsychologie* (3. Überarbeitete Aufl.). Göttingen: Hogrefe.

Schwarzer, G. (2001). Forschungsanträge verfassen. *Zeitschrift für internationale Beziehungen, 1*, 141–156.

Sygusch, R. (2005). *Eine Frage der Qualität. Persönlichkeits- und Teamentwicklung im Kinder- und Jugendsport. Ein sportartenorientiertes Rahmenmodell zur Förderung psychosozialer Ressourcen* (3. vollständig und überarbeitete Auflage). Frankfurt am Main: Grill-Druck.

Trosien, G. (2003): *Sportökonomie. Ein Lehrbuch in 15 Lektionen.* Aachen: Meyer und Meyer.

Toutenbourg, H. (2000). *Deskriptive Statistik: eine Einführung mit SPSS für Windows und Übungsaufgaben* (3., neu bearb. und erw. Aufl.). Berlin: Springer.

Urhausen, A., Schwarz, M., Klein, M., Papathanassiou, V,, Pitsch, W., Kindermann, W., et al. (2004). Gesundheitsstatus von Kindern und Jugendlichen im Saarland - Ausgewählte Ergebnisse der IDEFIKS-Studie (Teil 1). *Deutsche Zeitschrift für Sportmedizin, 55* (9), 202–210.

Wabitsch, M. (2004). Kinder und Jugendliche mit Adipositas in Deutschland. Aufruf zum Handeln. *Bundesgesundheitsblatt – Gesundheitsforschung – Gesundheitsschutz 47*, 251–255.

Wirth, A. (2003). Mit den Kilos schwinden auch Blutzucker und Fette. *CardioVasc, 1* (3), 22–30.

World Health Organization (Hrsg.) (2010): *Global recommendations on physical activity for health.* Geneva, Switzerland: Hrsg.

5   Tabellenverzeichnis

6   Abbildungsverzeichnis

7   Anhang

Anhang 1: Themenbereiche 1 – 3 des Lehrplans für die Primarstufe in Schleswig-Holstein

Themenbereiche	Themen
Sich durch Bewegung ausdrücken	• Grundformen der Bewegung erkunden • Rhythmische Grundformen lernen und üben • Reize wahrnehmen und in Bewegung umsetzen • Imitieren, improvisieren, gestalten und darstellen • Bewegungskunststücke erleben • Sich Fit halten durch Gestalten und Darstellen
Spielen	• Vielfältige Spielformen erkunden • Spiele lernen und üben • Fair spielen • Spiele finden • Spiel- und Wettkampfformen erleben • Sich fit halten durch Spiele
Sich an und mit Geräten bewegen	• Geräte in freien Bewegungen erkunden • Turnerische Grundformen lernen und üben • Sich helfen • Sachgerecht und selbständig mit Geräten umgehen • Spiel- und Wettkampfformen erleben • Sich fit halten an und mit Geräten

Abbildung 1: Themenbereiche 1 – 3 des Lehrplans für die Primarstufe in Schleswig-Holstein (MBWFK, 2015b, S. 177)

Anhang 2: Themenbereiche 4 – 5 des Lehrplans für die Primarstufe in Schleswig-
Holstein

Themenbereiche	Themen
Laufen, springen, werfen,	• Lauf-, Wurf- und Sprungmöglichkeiten erkunden • Leichtathletische Grundformen lernen und üben • Spiel- und Wettkampfformen erleben • Sich fit halten durch Laufen, Werfen, Springen
Sich im und auf dem Wasser bewegen	• Bewegungsmöglichkeiten im und auf dem Wasser erkunden • Schwimmen lernen und üben • In das Wasser springen • Verhaltensregeln für den Aufenthalt im, am und auf dem Wasser aneignen • Spiel- und Wettkampfformen erleben • Sich fit halten durch Schwimmen

Abbildung 2: Themenbereiche 4 – 5 des Lehrplans für die Primarstufe in Schleswig-Holstein (MBWFK, 2015b, S. 178)

Anhang 3: Kompetenzbereiche Teil I des Lehrplans in der Sekundarstufe I

Tabelle 1: Kompetenzbereiche Teil I des Lehrplans (MBWFK Schleswig-Holstein, 2015, S. 17 – 18)

Kompetenzbereich	Inhalte
Sach- und Methodenkompetenz	– Grundlegende Kenntnisse über sportartspezifische Bewegungstechniken sowie Regeln des Sports – Grundlegende Kenntnisse über sportliche Zusammenhänge, wie Sport und Gesundheit, Sport und Training, Sport und Bewegung bzw. Sport und Natur – Grundlegende Kenntnisse, über Aufbau und Funktionen des menschlichen Körpers
Sozialkompetenz	– Fähigkeit zur kooperativen Zusammenarbeit und zur konkurrenzorientierten Auseinandersetzung – Fähigkeit, gemeinsames sportliches Handeln zu gestalten und mitzugestalten – Fähigkeit zur friedlichen, fairen und argumentativen Konfliktlösung und zur Entwicklung von Regelungen – Fähigkeit zur Wahrnehmung sozialer Prozesse und Haltungen – Fähigkeit, unterschiedliche Voraussetzungen in Bezug auf Leistung, Interesse etc. zu erkennen, Rücksicht zu nehmen, Stärkere anzuerkennen, Schwächeren zu helfen und sie zu integrieren – Bereitschaft, Verantwortung für sich und andere zu übernehmen – Bereitschaft, Regeln und Vereinbarungen einzuhalten

Anhang 4: Kompetenzbereiche Teil II des Lehrplans in der Sekundarstufe I

Tabelle 2: Kompetenzbereiche Teil II des Lehrplans (MBWFK Schleswig-Holstein, 2015, S. 18)

Kompetenzbereich	Inhalte
Selbstkompetenz	Motorische Kompetenzen: – Beherrschung grundlegender Bewegungsformen (Laufen, Springen, Werfen, Schwimmen, Klettern, Stützen) – Grundlegende Beherrschung sportartspezifischer Fertigkeiten – Grundlegende Beherrschung von Formen des Helfens, Sicherns und Rettens – Allgemeine und spezielle Spielfähigkeit – Fähigkeit zum Umgang mit Rhythmen – Fähigkeit zum kreativen und produktiven Umgang mit Formen der Bewegung und des Spiels – Verfügen über motorische Grundeigenschaften (Kraft, Ausdauer, Schnelligkeit, Beweglichkeit und Koordination, Gleichgewichtsfähigkeit) Körperwahrnehmung: – Wahrnehmungsfähigkeit in Bezug auf die eigene Person (Selbstbild), den eigenen Körper (Körperbild, Körperhaltung, Körpersprache) und die eigenen Bewegungsmöglichkeiten – Fähigkeit zur Wahrnehmung körperlicher Phänomene und Reaktionen auf Bewegung (Atmung, Puls, Schwitzen etc.) – Fähigkeit zur Wahrnehmung körperlicher Zustände (Erschöpfung, Ermüdung, Erholung, Anstrengung, Wohlbefinden etc.) – Wahrnehmungsfähigkeit in Bezug auf eigene und fremde Ausdrucks- und Darstellungsformen (Rhythmus, etc.) Personale und psychische Kompetenzen: – Fähigkeit zum intensiven Erleben des eigenen Körpers und der Bewegung – Fähigkeit zum Erleben und zum Umgang mit unterschiedlichen Gefühlen im Sport – Fähigkeit zur realistischen Einschätzung von Zielen und Risiken beim Sport – Verfügen über Selbstvertrauen – Bereitschaft, sich anzustrengen und Belastungen zu ertragen – Bereitschaft zu lebenslangem Sporttreiben – Fähigkeit zum Erleben und zur angemessenen Verarbeitung von Erfolg und Misserfolg

Anhang 5 : Themenbereich 1 des Lehrplans für den Sportunterricht in der Sekundarstufe I in Schleswig-Holstein

Themenbereich 1: SICH FIT HALTEN			
Themen	**Zielperspektive**	**Klassen-stufen**	
		verb.	**fak.**
1. Ausdauer trainieren	– Reaktionen des Körpers auf Ausdauerleistungsfähigkeit erfahren – Ausdauerleistung verbessern – Formen des Ausdauertrainings kennenlernen und anwenden	5 -10	
2. Kraft trainieren (vgl.2.3.2)	– Krafttraining funktional gestalten – Reaktionen des Körpers auf Kraftbelastungen erfahren – Kraftfähigkeit verbessern – Formen des Krafttrainings kennenlernen und anwenden	5 - 10	
3. Beweglichkeit trainieren	– Beweglichkeitstraining funktional gestalten – Formen des Beweglichkeits-trainings kennenlernen und anwenden	5 - 10	
4. Koordination trainieren	– Koordinationsübungen kennen-lernen – Koordination verbessern	5 - 10	
5. Fitneßprogramme	– Fitneßprogramme kennenlernen und erleben – Bewegung nach Musik kennen-lernen und erleben – Fitneßübungen erlernen und ihre richtige Ausführung einüben	7 - 10	
6. Entspannung	– Körperwahrnehmung sensibilisieren – Körpergefühl entwickeln	9 - 10	
7. Ernährung	– Körperbewußtsein entwickeln – Sportgerechte Ernährung kennenlernen	9 - 10	
8. Theorie des Fitneßsports	– Wissen um den Körper und seine Fitneß erwerben	9 - 10	

Abbildung 3: Themenbereich 1 des Lehrplans für den Sportunterricht in der Sekundarstufe I in Schleswig-Holstein (MBWFK Schleswig-Holstein, 2015, S. 24)

Anhang 6: Themenbereich 2 des Lehrplans für den Sportunterricht in der Sekundarstufe I in Schleswig-Holstein

Themenbereich 2: AN GERÄTEN TURNEN			
Themen	**Zielperspektive**	**Klassen-stufen**	
		verb.	fak.
1. Freies Turnen	– Vertrauen gewinnen – Angst überwinden – Rumpfkraft entwickeln – Koordination fördern	5 - 6	
2. Spielformen	– Gemeinsam handeln – Turnerisches Handeln attraktiv machen – Konzentration fördern	5 - 6	
3. Übungen des Geräteturnens	– Fertigkeiten üben – Grobformen entwickeln	5 - 10	
4. Turnen gemeinsam gestaltenund vorturnen	– Selbständigkeit fördern – Turnerisches Handeln variieren – Kreativität fördern		5 - 10
5. Wettbewerbe des freien Turnens und des Geräte-turnens	– Eigene Leistungsfähigkeit erfahren – Verantwortung übernehmen – Erfolg und Mißerfolg erleben – Vergleiche erleben	5 - 10	

Abbildung 4: Themenbereich 2 des Lehrplans für den Sportunterricht in der Sekundarstufe I in Schleswig-Holstein (MBWFK Schleswig-Holstein, 2015, S. 25)

.

Anhang 7: Themenbereich 3 des Lehrplans für den Sportunterricht in der Sekundarstufe
I in Schleswig-Holstein

Themenbereich 3: LAUFEN, SPRINGEN, WERFEN			
Themen	**Zielperspektive**	**Klassen-stufen**	
		verb.	**fak.**
1. Vielfältiges Laufen	– Vertrauen gewinnen – Vielseitigkeit entwickeln – Koordination fördern	5 - 6	
2. Vielfältiges Springen	– Vertrauen gewinnen – Koordination fördern – Vielseitigkeit entwickeln	5 - 6	
3. Vielfältiges Werfen	– Vertrauen gewinnen – Vielseitigkeit entwickeln – Koordination fördern	5 - 6	
4. Spielformen zum Laufen, Springen, Werfen	– Attraktivität steigern – Gemeinsam handeln – Konzentration fördern	5 - 8	
5. Fertigkeiten in den leichtathletischen Disziplinen	– Grobformen entwickeln – Fertigkeiten üben	5 -10	
6. Wettbewerbe des Laufens Springens und Werfens und der leichtathletischen Disziplinen	– Vergleich erleben – Verantwortung übernehmen – Erfolg und Mißerfolg erleben – Eigene Leistungsfähigkeit erfahren	5 - 10	

Abbildung 5: Themenbereich 3 des Lehrplans für den Sportunterricht in der Sekundarstufe I in Schleswig-Holstein (MBWFK Schleswig-Holstein, 2015, S. 26)

Anhang 8: Themenbereich 4 des Lehrplans für den Sportunterricht in der Sekundarstufe I in Schleswig-Holstein

Themenbereich 4: SCHWIMMEN			
Themen	Zielperspektive	Klassenstufen verb.	fak.
1. Wassergewöhnung	– Sich unter Wasser orientieren – In das Wasser ausatmen – Kältereiz spüren – Vertrauen gewinnen – Sich an das Wasser gewöhnen	5 - 6	
2. Erfahrung des Wassers	– In das Wasser springen – In Brust- und Rückenlage gleiten – Tragfähigkeit des Wassers erfahren	5 - 6	
3. Spielformen	– Attraktivität steigern – Gewandtheit fördern – Gemeinsam handeln	5 - 6	
4. Schwimmtechniken	– Fertigkeiten üben – Grobformen erlernen	5 - 10	
5. Schwimmwettbewerbe	– Vergleich erleben – Erfolg und Mißerfolg erfahren – Regeln einhalten – Die eigene Kraft einschätzen und einteilen lernen	5 - 6	7 - 10
6. Schwimmen gestalten	– Sich nach Musik rhythmisch bewegen – Sich mit anderen abstimmen – Kreativität und Selbständigkeit fördern		5 - 10
7. Wasserspringen	– Angst überwinden und Vertrauen gewinnen – Bewegungserfahrungen sammeln – Grobformen erlernen – Gefahrensituationen einschätzen lernen – Fertigkeiten üben		5 - 10
8. Retten	– Maßnahmen der Wiederbelebung kennenlernen – Rettungsgriffe erlernen Kleider- und Transportschwimmen üben – Verantwortung übernehmen		5 -10

Abbildung 6: Themenbereich 4 des Lehrplans für den Sportunterricht in der Sekundarstufe I in Schleswig-Holstein (MBWFK Schleswig-Holstein, 2015, S. 27)

Anhang 9: Themenbereich 5 des Lehrplans für den Sportunterricht in der Sekundarstufe
I in Schleswig-Holstein

Themenbereich 5: SICH RHYTHMISCH BEWEGEN UND BEWEGUNGEN GESTALTEN			
Themen	**Zielperspektive**	**Klassenstufen**	
		verb.	**fak.**
1. Elementare Bewegungs- formen - Musik bewegt uns(vgl. 2.3.2)	– Rhythmen wahrnehmen – Sich nach Rhythmen bewegen – Rhythmen erleben – Reize in Bewegung umsetzen – Hemmungen abbauen	5 - 6	
2. Tanzen	– Gemeinsam tanzen – Takt erkennen und halten – Schrittverbindungen einüben – Einfache Tanzschritte erlernen	5 - 10	
3. Gymnastik	– Erlernen, Üben, Gestalten	5 - 10	
4. Ausdrucks- und Darstellungsformen	– Improvisieren – Aufführung einüben und mitgestalten – Selbständigkeit fördern – Kreativität und Phantasie fördern		5 - 10

Abbildung 7: Themenbereich 5 des Lehrplans für den Sportunterricht in der Sekundarstufe I in Schleswig-Holstein (MBWFK Schleswig-Holstein, 2015, S. 28)

Anhang 10: Themenbereich 6 des Lehrplans für den Sportunterricht in der Sekundarstufe I in Schleswig-Holstein

Themenbereich 6: MIT DEM PARTNER UND IN MANNSCHAFTEN SPIELEN			
Themen	Zielperspektive	Klassenstufen verb.	fak.
1. Spielgeräte	– Vertrauen gewinnen – Angst überwinden – Koordination fördern – Spielgeräte kennenlernen und ausprobieren	5 - 6	
2. Integrative Spielfähigkeit	– Vermittlung grundlegender Handlungsmöglichkeiten für alle Sportspiele – Sich in die Gruppe einbringen – Kooperation und Konkurrenz erfahren – Regeln einhalten lernen	5 - 7	
3. Spielreihen für die Großen Sport- und Partnerspiele (vgl. 2.3.2)	– Sportliches Handeln mitgestalten lernen – Verantwortung für sich und andere übernehmen – Gemeinsam handeln – Erwerb sportartspezifischer Handlungsmöglichkeiten – Mit Spielformen kreativ umgehen	5 - 10	
4. Technik und Taktik der Großen Sport- und Partnerspiele	– Erlernen, üben, gestalten	5 -10	
5. Spielturniere, Spielfeste	– Regeln befolgen – Initiative entwickeln – Verantwortung übernehmen – Erfolg und Mißerfolg erleben – Eigene Leistungsfähigkeit erfahren – Vergleich erleben	5 - 10	
6. Fremde Spiele aus anderen Kulturen	– Spiele anderer Kulturen, anderer Länder und anderer Zeiten kennnelernen	5 - 10	

Abbildung 8: Themenbereich 6 des Lehrplans für den Sportunterricht in der Sekundarstufe I in Schleswig-Holstein (MBWFK Schleswig-Holstein, 2015, S. 29)

Anhang 11: Themenbereich 7 des Lehrplans für den Sportunterricht in der Sekundarstufe I in Schleswig-Holstein

Themenbereich 7: WASSERSPORT BETREIBEN			
Themen	**Zielperspektive**	**Klassen-stufen**	
		verb.	fak.
1. Das Bootshaus	– Sorgfalt im Umgang mit Booten und Segelbrettern erlernen – Verhaltensregeln festlegen und befolgen – Sicherheitsbewußtsein wecken		5 - 10
2. Boote/Segelbretter klarmachen	– Sorgfalt walten lassen – Gemeinsam handeln – Verantwortung übernehmen		5 - 10
3. Erfahrungen mit dem Material auf dem Wasser	– Sicherheit gewinnen – In spielerischen Formen handeln – Vertrauen erlangen		5 - 10
4. Wassersportlehrgang/-kurs	– Fertigkeiten erlernen und üben – Sicherheit gewinnen – Sich mit anderen abstimmen – Gemeinsam handeln		5 - 10
5. Theorie des Wassersports	– Wissen erwerben (Wetter, Wasser, Schiffahrt, Navigation, Seemannschaft) – Sicherheits- und Verkehrsbestimmungen		7 - 10
6. Sicherheit beim Wassersport	– Situation richtig einschätzen lernen – Gefahren erkennnen und meiden – Rettungsmaßnahmen erlernen und üben		5 - 10
7. Wassersport erleben	– Vergleich erleben – Gemeinsam handeln – Regeln befolgen – Erfolg und Mißerfolg erleben		5 - 10

Abbildung 9: Themenbereich 7 des Lehrplans für den Sportunterricht in der Sekundarstufe I in Schleswig-Holstein (MBWFK Schleswig-Holstein, 2015, S. 30)

Anhang 12: Themenbereich 8 des Lehrplans für den Sportunterricht in der Sekundarstufe I in Schleswig-Holstein

Themenbereich 8: ROLLEN UND GLEITEN			
Themen	Zielperspektive	Klassenstufen	
		verb.	fak.
1. Rollende und gleitende Untersätze	– Roll- und Gleitgeräte kennnenlernen – Vertrauen gewinnen – Angst abbauen – Koordination fördern – Geschicklichkeit verbessern – Bewegungserfahrungen sammeln – Vielfältiges Rollen		5 - 10
2. Spielformen	– Gemeinsam handeln – Sicherheit gewinnen – Attraktivität steigern – Spielformen des Rollens und Gleitens erproben und erfinden		5 - 10
3. Fertigkeiten der Sportarten	– Sorgfalt im Umgang mit dem Material erfahren – Ausdauer entwickeln – Gefahren erkennen und vermeiden – Grobformen erlernen und üben – Sicherheit steigern		5 - 10
4. Wettkampfformen	– Fairneß üben – Eigene Leistungsfähigkeit erfahren – Vergleich erleben – Erfolg und Mißerfolg erleben – Regeln befolgen – Wettkampfformen des Rollens und Gleitens trainieren, organisieren und durchführen		5 - 10
5. Gestaltungs- und Erlebnisformen	– Eine Aufführung einüben und mitgestalten – Sich in die Gruppe einbringen – Sich umweltgerecht verhalten – Natur erleben – Ästhetisches Empfinden sensibilisieren – Kreativität und Phantasie entwickeln		5 - 10

Abbildung 10: Themenbereich 8 des Lehrplans für den Sportunterricht in der Sekundarstufe I in Schleswig-Holstein (MBWFK Schleswig-Holstein, 2015, S. 31)

Anhang 13: Themenbereich 9 des Lehrplans für den Sportunterricht in der Sekundarstufe I in Schleswig-Holstein

Themenbereich 9: RAUFEN, RINGEN, VERTEIDIGEN			
Themen	**Zielperspektive**	**Klassen-stufen**	
		verb.	fak.
1. Elementare Formen des Kräftemessens	– Eigene Leistungsfähigkeit erfahren – Erfolg und Mißerfolg erfahren – Sich selbst fair verhalten – Selbstvertrauen entwickeln – Gleichgewicht spüren – Körperkontakt kennenlernen und zulassen	5 - 10	
2. Spielformen	– Gemeinsam handeln – Erfolg und Mißerfolg erfahren – Den Gegner achten – Attraktivität steigern – Sich Regeln unterwerfen	5 - 10	
3. Eine Kampfsportart stellt sich vor	– Inszenierte Kämpfe – Ritualisierte Kämpfe – Kampfrituale – Kampftechniken einer Kampfsportart erlernen und anwenden		7 - 10
4. Übungswettkampf	– Nach Regeln kämpfen – Um Gefährdungen wissen und sie vermeiden – Prinzipien der Kampftechniken verstehen – Kampftechniken anwenden		7 - 10
5. Kampfprinzipien	– Erleben, erfahren, verstehen		7 - 10

Abbildung 11: Themenbereich 9 des Lehrplans für den Sportunterricht in der Sekundarstufe I in Schleswig-Holstein (MBWFK Schleswig-Holstein, 2015, S. 32)

Anhang 14: Richtlinien der WHO zur gesundheitsfördernden sportlichen Aktivitäten für Kinder und Jugendliche

- Bewegung jeden Tag über mindestens 60 Minuten in einem hohen Stärkegrad mit mäßiger bis anstrengender Intensität (durch z. B. Ausdauersport)
- Gymnastik sollte an körperlicher Aktivität überwiegen und täglich durchgeführt werden
- Übungen zur Muskel- und Knochenstärkung sollten mindestens dreimal in der Woche ausgeübt werden (z. B. Kraftsport)
- Daraus folgt:
  - ➤ 1. Kriterium: Häufigkeit (täglich)
  - ➤ 2. Kriterium: Dauer (mind. 60 Minuten)
  - ➤ 3. Kriterium: Intensität (mäßige bis anstrengende Intensität)
  - ➤ 4. Kriterium: Sportarten (Gymnastik, Kraftsport, Ausdauersport)

Abbildung 12: Richtlinien der WHO (2010, S. 20) zur gesundheitsfördernden sportlichen Aktivitäten für Kinder und Jugendliche

> ➢ Eine Forschungsfrage sollte:
>
> - in Frageform sein,
> - einfach und klar formuliert sein,
> - empirisch zu beantworten sein,
> - die Beziehung zwischen mindestens zwei Variablen zeigen.

Abbildung 13: Kriterien zur Bestimmung einer Forschungsfrage nach Schwarzer (2001, S. 149)

> ➤ Eine Arbeitshypothese muss:
>
> • eine Aussage und keine Frage oder ein Befehl sein.
>
> • mindestens zwei semantisch gehaltvolle Begriffe enthalten.
>
> • die Begriffe durch den logischen Operator „wenn – dann" verbinden.
>
> • nicht tautologisch sein.
>
> • widerspruchsfrei sein.
>
> • die empirischen Geltungsbedingungen implizit oder explizit im Einzelnen auf-
> zählen.

Abbildung 14: Kriterien zur Bestimmung einer Arbeitshypothese nach Atteslander (2010, S. 42)

- Die Ergebnisse müssen stets kritisch betrachtet werden, da Störfaktoren nicht auszuschließen sind.
- Es liegt eine Signifikanz vor, wenn die Irrtumswahrscheinlichkeit kleiner 5% ist.
- Hierfür ist eine klare Hypothesenformulierung unerlässlich.
- Die Ausgangslage muss empirisch erfassbar sein.
- Das Ziel ist messbar und auch direkt zu beeinflussen.
- Der Effekt der Intervention muss nachweisbar sein.

Abbildung 15: Gütekriterien zur Bestimmung von Zielparametern nach Friedrich (1990, S. 89)

Anhang 18: Ein- und Ausschlusskriterien bzgl. der Intervention

> Einschlusskriterien sind folgende:

- Schüler der Sekundarstufe (Klassenstufe 5 – 9/10)
- Altersspanne: 10 Jahre – 16 Jahre
- ärztlich attestierte Sporttauglichkeit für den Sportunterricht bzw. für die geplante Intervention oder eine ärztliche Unbedenklichkeitserklärung
- Einverständniserklärung eines Erziehungsberechtigten

> Ausschlusskriterium sind folgende:

- Nichterfüllung der Einschlusskriterien
- Einschränkungen in der Gesundheit, die physische Betätigungen nach den Richtlinien der WHO nicht ermöglichen

Abbildung 16: Ein- und Ausschlusskriterien bzgl. der Intervention

Anhang 19: Schematische Darstellung des Pretest-Posttest-Designs

Tabelle 3: Eigene schematische Darstellung des Untersuchungsdesigns in Anlehnung an Pieter, Fröhlich und Papathanassiou, (2014, S. 109)

R (Studie)	O	X	O	Experimentalgruppe
T (Zeit)	t_1	t_2	t_3	

Anhang 20: Zu untersuchende anthropometrische Parameter

- Alter (Jahre)
- Körpergröße (m)
- Körpergewicht (kg)
- Hüftumfang (cm)
- Taillenumfang (cm)
- Körperfettanteil (%)

Abbildung 17: Zu untersuchende anthropometrische Parameter

Anhang 21: Personenlängenmessgerät mit Ultraschall-Messtechnik

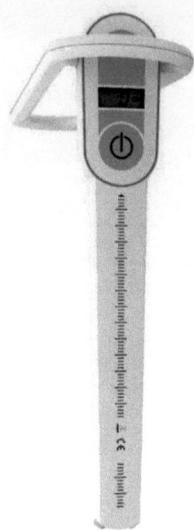

Abbildung 18: Personenlängenmessgerät mit Ultraschall-Messtechnik (ohne Typbezeichnung) des Herstellers „Soehnle"

Anhang 22: Digitale Adipositaswaage

Abbildung 19: Digitale Adipositaswaage Typ „K-MXS" des Herstellers „Bosche Wägetechnik"

Anhang 23: Ergonomisches Umfangsmessband

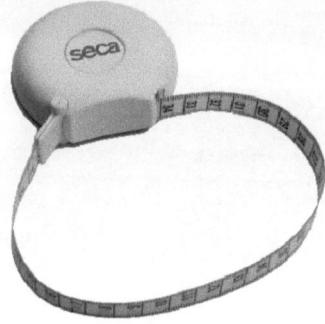

Abbildung 20: Ergonomisches Umfangsmessband Typ „201" des Herstellers „seca"

Anhang 24: Gerät zur bioelektrischen Impedanzanalyse

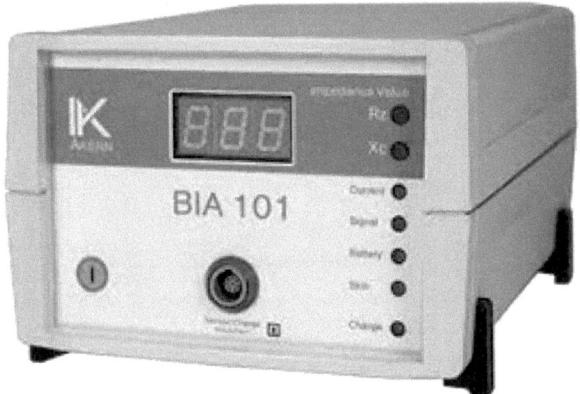

Abbildung 21: Gerät zur bioelektrischen Impedanzanalyse Typ „BIA 101" des Herstellers „Akern"

Anhang 25: Zeitlicher und organisatorischer Untersuchungsablauf

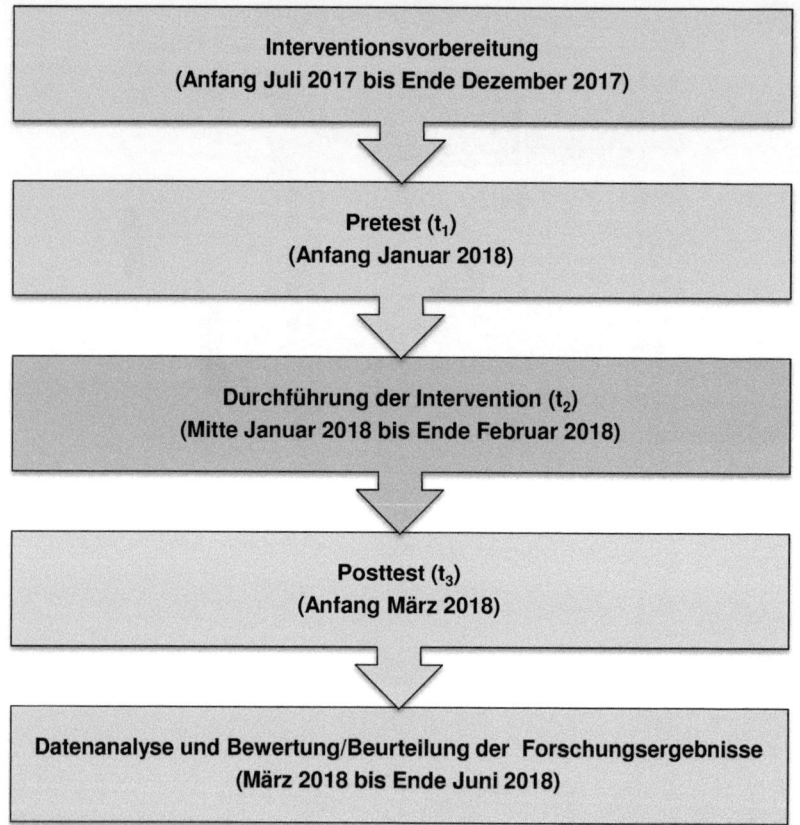

Abbildung 22: Eigens konzipierter zeitlicher und organisatorischer Untersuchungsablauf in Anlehnung an das Vier-Phasen-Modell zum Aufbau statistischer Untersuchungen nach Hagl (2008, S. 18)

Anhang 26: Vier-Phasen-Modell zum Aufbau statistischer Untersuchungen

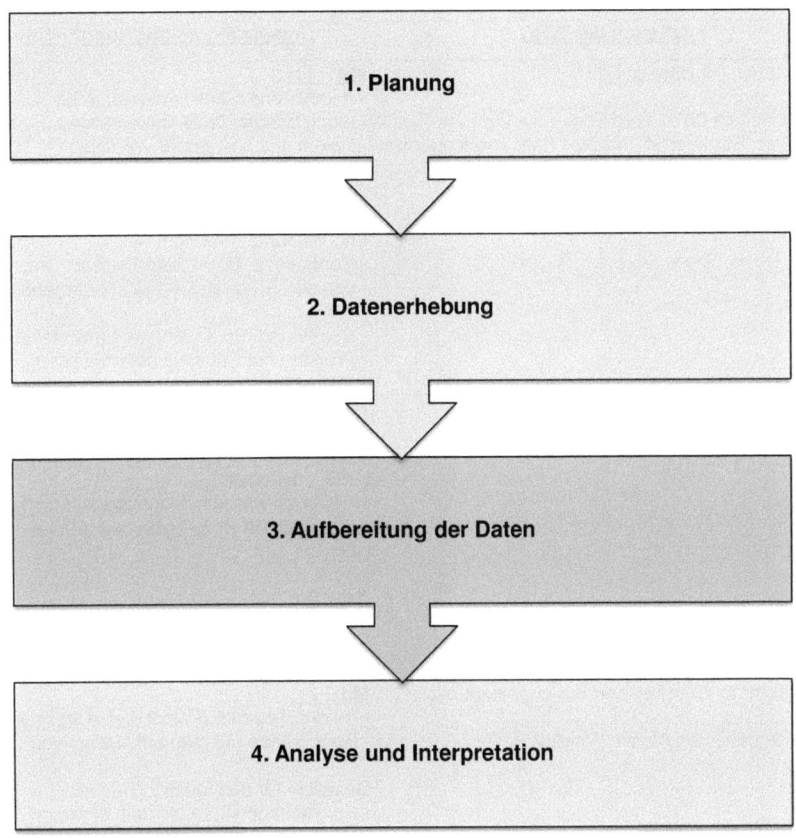

Abbildung 23: Vier-Phasen-Modell zum Aufbau statistischer Untersuchungen nach Hagl (2008, S. 18)

Anhang 27: Überblick bzgl. der eigens konzipierten Interventionsinhalte

Tabelle 4: Überblick bzgl. der eigens konzipierten Interventionsinhalte

Kriterien der WHO	Umsetzung im Sportunterricht
1. Kriterium → Bewegung: - mindestens 60 min pro Tag - hoher Stärkegrad (mäßige bis anstrengende Intensität)	**Mo – Fr:** - mindestens 60 min Bewegung für jeden Schüler (z .B. Zirkeltraining, Fang-Spiele, etc.) an jedem Vormittag **Sa – So:** - Bewegung als Hausaufgabe mit „Kontroll- und Belohnungssystem" - Kontrolle: z. B. „Activity Tracker"-Uhr, von den Eltern geführtes Sporttagebuch, etc. - Belohnung: Punktevergabe (mit kleinen Preisen) bei Erfüllung der jeweiligen Vorgabe
2. Kriterium → Tägliche Gymnastik	**Mo – Fr:** - Gymnastik am Ende der Sportstunde - Dehnungsübungen (passiv, statisch, aktiv, dynamisch) - Übungen werden in kindgerechter Form durchgeführt (z. B. Dehnen mit Musik, etc.) **Sa – So:** - Gymnastik als Hausaufgabe: Ablauf wie beim 1. Kriterium
3. Kriterium → Muskel- und Knochenstärkung: - mindestens dreimal pro Woche	**Mo – Fr:** - an drei Tagen pro Woche eine weitere Sportstunde (60 min) am Nachmittag Beispiele für den Inhalt: - Funktionsübungen mit dem eigenen Körpergewicht - Gruppen -/Partnerübungen: Seilziehen, menschliche Schubkarre, etc.

Weitere allgemeine Anpassung des Sportunterrichts an die Intervention:

- Verlängerung der Schulsport auf 90 min (wegen Zeitabzug für Umziehen, Erklärung der Übungen, etc.)

- Lehrer bauen die benötigten Stationen, Geräte, etc. vor Beginn der Schulstunde auf, um die Unterrichtszeit effektiv nutzen zu können

- an jedem Montag findet die Hausaufgabenkontrolle sowie die Punkte- und Preisvergabe statt

- Modus: Der in einer Verteilung am häufigsten auftretende Wert.
- Median: Der Wert, welcher die Reihe einer nach ihrer Größe geordneten Rangreihe von Messwerten halbiert und nach folgender Formel ermittelt wird.
- Arithmetisches Mittel: Ist derjenige Mittelwert, welcher als Quotient aus der Summe er betrachteten Zahlen und ihrer Anzahl berechnet ist.

Abbildung 24: Relevante Lagemaße nach Pieter, Fröhlich und Papathanassiou (2014, S. 17)

- Spannweite: Die Differenz zwischen dem größten und dem kleinsten Messwert einer Verteilung.

- Quartilsabstand: Differenz zwischen dem größten und dem kleinsten Messwert.

- Varianz: Sie gibt die mittlere quadratische Abweichung der Ergebnisse einer Stichprobe um ihren Mittelwert an.

- Standardabweichung: Sie ist die durchschnittliche Entfernung aller gemessenen Ausprägungen eines Merkmals vom Durchschnitt.

Abbildung 25: Relevante Streuungsmaß nach Pieter, Fröhlich und Papathanassiou (2014, S. 17)

Lage- bzw. Streuungsmaß	Formel
Modus	$H_n(x_{mod}) = \max\limits_{j=1,\ldots,n} H_n(x_j)$
Median	$n\,ungerade: x_{med} = x_{\left[\frac{n+1}{2}\right]}$ $n\,gerade: x_{med} = \frac{1}{2}\left(x_{\left[\frac{n}{2}\right]} + x_{\left[\frac{n}{2}+1\right]}\right)$
Arithmetisches Mittel	$\bar{x} = \frac{1}{n}\sum\limits_{i=1}^{n} x_i$
Spannweite	$R = x_{max} - x_{min}$
Quartilsabstand	$QA = q_{0,75} - q_{0,25}$
Varianz	$s^2 = \frac{1}{n}\sum\limits_{i=1}^{n}(x_i - \bar{x})^2$
Standardabweichung	$s = \sqrt{s^2}$

Abbildung 26: Formeln zur Berechnung der Lage- und Streuungsmaße nach Hagl (2008, S. 210 – 211)

$$t = \frac{\overline{d}}{\sqrt{\dfrac{\displaystyle\sum_{i=1}^{n} d_i^{2} - n \cdot \overline{d}^{2}}{n \cdot (n-1)}}}$$

Dabei ist

$$\overline{d} = \overline{x}_1 - \overline{x}_2$$

mit:

d_i = paarweise Differenzen

$\overline{d}$ = arithmetisches Mittel der Differenzen

n = Anzahl der Probanden

$df = n - 1$

Abbildung 27: Formel zur Berechnung des t-Wertes nach Pieter, Fröhlich und Papathanassiou (2014, S. 52)